평가할수록
쌓이는 질문

평가할수록 쌓이는 질문
실천으로 풀어 보기

초판 1쇄   2021년 11월 20일

글쓴이   강원학생평가교과연구회
             (고재윤 김하정 박은숙 박인준 윤병도 윤병민 이영인 이호선 정영훈 홍지영)

펴낸곳   도서출판 단비
펴낸이   김준연
편 집   이부섭
등 록   2003년 3월 24일(제2012-000149호)
주 소   경기도 고양시 일산서구 고양대로 724-17, 304동 2503호(일산동, 산들마을)
전 화   02-322-0268
팩 스   02-322-0271
전자우편   rainwelcome@hanmail.net

ISBN   979-11-6350-046-9 03370

평가할수록
쌓이는 질문

실 천 으 로   풀 어   보 기

강원학생평가교과연구회 지음

단비
danbi

머리말

=

　우리 연구회는 교육과정, 수업, 평가 이야기를 나누고 함께 고민한
것을 교실에서 실천하고 있다. 처음에는 교육과정 설계에 관심이 많
았다. 혁신 학교와 행복더하기 학교의 다양한 교육과정 운영 사례를
보면서 교육과정을 재구성하고 학급에서 다시 빛깔 있는 수업으로
만들어 보았다. 많은 시간과 노력을 들여 교육과정을 설계하고 아이
들과 활동하는 것은 즐거웠지만 어느 순간 재미있는 활동 이상의 배
움을 주고 있는지 확신이 들지 않았다.

　왜 아이들이 잘 배웠다는 확신이 들지 않았을까? 연구회 선생님
들과 연수를 받고 책을 읽고 토론하면서 각자의 수업과 평가를 되
돌아보았다. 교육과정과 수업은 연계되도록 설계하였으나 평가는 크
게 고민하지 않고 형식적으로 하고 있었다. 학생들이 의미 있게 수행
했던 활동은 뒤로 하고, 수업이 끝날 즈음에 학습지로 평가하여 배
움을 종이 한 장에 가둬 버린 적도 있었다. 재미를 좇는 활동 중심

의 수업에 치중하고 수업 장면에서 아이들의 배움을 지원하는 평가를 하지 못했다. 학생들이 배움 장면에서 머뭇거리는 지점을 자세히 관찰하지 못했기에 적절한 피드백을 주기도 어려웠다. 학생이 성장하는 과정에 집중하기보다는 평가 결과에 초점을 두기도 했다. 깊은 고민 없이 만들어 낸 수업과 평가로는 학생들의 배움을 의미 있게 만들어 주기 어려웠다.

교실에서 발견할 수 있는 다양한 평가 장면들을 찾아보며 학생을 성장시키는 평가에 대한 방향을 잡아 갔다. 학생 평가는 학생 한 사람, 한 사람의 배움을 지원하기 위한 것이다. 수업 중에 이루어지는 학생들의 중요한 배움 장면을 포착하여 수업으로 되돌려 줘야 한다. 교사는 배움 상황에서 주춤거리는 학생을 돕기 위해 다양한 정보를 수집할 수 있어야 한다. 평가는 수업 상황에서 이루어져야 하고 학생의 성장과 발달을 지원하는 평가가 되기 위해서는 교육과정과 수업 평가를 같이 고민해야 한다.

공들여 설계한 교육과정이 의미 있는 수업이 되고 학생들의 배움으로 이어지려면 결국 교사별 평가가 중요했다. 교사별 평가는 교사가 자신이 가르치는 학급에 대해 평가 계획부터 문항 개발, 평가 시행, 피드백 및 결과 산출 기록까지를 개별적으로 수행하는 평가(반재천 외, 2018)다. 평가 계획은 수업과 분리할 수 없으며, 학급 학생들을 진단하여 단원 운영 계획과 차시별 수업 계획을 담으면 교사별 교육과정이 된다. 결국 교사별 평가를 한다는 것은 교사별 교육과정을 운영한다는 의미이다.

평가를 개선하는 것은 교육과정 설계 역량을 기르는 것이며 수업의 질도 함께 높이는 일임을 몇 년간의 실천을 통해 알게 되었다. 평가만 잘하는 방법은 없다. 평가를 잘한다는 것은 아이들을 깊이 이해하고 있다, 교육과정을 충분히 분석했다, 수업을 잘한다는 의미이다. 그렇기 때문에 평가를 잘하는 것이 너무 어렵다고 느낄 수도 있다. 하지만 그렇지 않다. 아이들을 바라보고 교육과정, 수업, 평가를 연계하는 몇 번의 자발적인 실천을 하고 나면 그다음 실천이 쉬워지고 실천에 실천이 더해져 자신만의 평가 알고리즘을 만들어 낼 수 있을 것이라 생각한다.

이 책에는 연구회 회원들의 교사별 평가 이야기가 담겨 있다. 학생의 성장을 지원하는 평가를 지향하는 것은 같지만 각자 무게를 두는 지점과 이를 펼쳐내는 모습은 다양하다. 교사가 학생을 이해하고 가르치는 방법으로서의 평가를 고민하며 학생들과의 일상적인 만남을 최고의 인연으로 만들어 가고자 하는 노력을 기록했다. 더 많은 교사가 동료와 협력하며 고민을 실천으로 이어 나가길 응원한다.

유혹에 빠지기 쉬운 3월

같은 학년을 계속해도 학교생활이 지루하지 않고 늘 새롭게 느껴
지는 이유는 매해 가르칠 아이들이 바뀌기 때문이다. 새해가 되면
우리에게 새 시간이 주어지며 작년에 겪었던 힘들었던 기억은 버리
고 곧 만나게 될 아이들과 함께 걸어갈 행복한 길을 꿈꾼다. 그러나
이 꿈은 3월이 시작됨과 동시에 순식간에 사라진다. 설렘과 기대감
을 갖고 시작한 3월의 학교생활은 쏟아지는 메시지와 학기 초 수립
해야 할 각종 계획서로 몸과 마음이 바빠진다.

"교육과정 및 평가 계획 제출해 주세요."

"진단 활동 주간입니다. 진단하시고 결과 제출해 주세요."

평가 계획 수립 및 진단 활동은 학기 초 교사가 해야 할 일 중에
서도 가장 중요한 부분이지만 그에 따른 고민도 많다.

'기초학력진단평가로 3R's 도달 여부를 확인하고 평가 계획도 작

년에 세웠던 계획 조금 수정해서 제출할까?'

'그 많은 성취기준 분석을 언제 하며 어떻게 해야 하는지, 평가 요소들은 또 다 어떻게 추출해. 게다가 평가 문항은 어떻게 만들어야 잘 만들었다 할 수 있는 거지?'

유혹에 넘어가면 안 되는데 큰일이다.

과정중심평가가 도대체 뭔데?

H 교사는 평가를 제대로 해 보고자 수업 전·중·후 활동을 학습지로 만들어서 남겨 두어야겠다고 생각했다.

사회 시간, 오늘은 옛날 사람들의 생활모습을 알아보는 주제로 수업을 할 차례. 수업의 도입 활동을 대략 10분 정도로 계획하여 진행하고 다음 단계로 넘어가려는데…

"선생님~ 다 못 적었어요!"

"그래? 그럼 좀 더 시간을 줄 테니 적어 보자."

수업 활동 중

"여러분이 활동하면서 알게 된 내용을 학습지에 적어 봅시다."

"선생님! 아까 뭐라고 하셨죠? 저 못 들었어요!"

"이거 이렇게 적는 거 맞나요?"

"시간 좀 더 주세요!"

수업은 계획한 시간을 넘겨 끝났다. 아이들이 적은 활동지를 보니 다들 뭔가를 빼곡이 적어 놓았는데… 정말 아이들이 잘 이해한 걸까? 활동지를 보고 평가하면 역시 과정이 아니라 결과를 보고 평가하는 거 아닐까? 과정중심평가는 어떻게 하는 게 맞는 건지 헷갈린다.

과정중심평가 과정이 너무 많은 거 아닙니까?

H 교사는 과정중심평가 연수를 듣고 학생들의 배움과 성장에 도움이 되는 평가를 해보려고 마음을 먹었다.

'가정 먼저 무엇을 해야 한다고 했지?'

'맞다. 성취기준을 분석해야지.'

교육과정, 지도서를 펼쳐 놓고 성취기준을 분석했다. 그다음 평가기준을 정하고 단원수업 계획을 세운다. 단원 수업 계획은 평가 계획을 포함한다.

'아~ 어렵다.'

평가 계획을 바탕으로 평가지를 만들거나 평가 과제를 만든다.

'아~ 그다음이 뭐였지?'

'맞다. 채점 기준표를 만드는 것이었지.'

채점 기준표를 만든 다음… (벌써 3시간이 지났다. 이렇게 한다면 지금 만드는 건 내년에나 쓸 수 있나?)

'아~ 과정중심평가 그 과정이 너무 복잡하고 어렵네.'

'아 생각해 보니 이제 하나의 성취기준을 분석했다.'

'이제 하나 끝났네.'

학생부가 평가 결과의 기록이라고?

학기 말이 다가오면 교사들은 할 일이 많다.

"방학 날까지 학교생활기록부 마감 부탁드립니다."

교무 부장님의 말씀에 또 일거리를 얻은 것마냥 마음이 무겁다. 한 학기 동안 이루어진 모든 활동들을 정리하는 일은 무엇보다도 중요하고 의미 있는 일이다. 교사라면 당연히 해야 하고 할 수밖에 없는 일이지만 갑자기 일거리가 생긴 느낌은 무엇일까?

"선생님, 나이스 입력 다 하셨어요?"

"아직 못했어요. 도대체가 써 줄 말이 없는 애들은 어떻게 해야 하냐고요."

학력에는 잴 수 있는 학력이 있고 잴 수 없는 학력이 있다. 잴 수 있는 학력이야 그대로 점수화하여 나타내면 되지만 잴 수 없는 수행평가들은 기록으로 보여 주고 남겨야 함은 당연할 것이다. 하지만 여전히 교사들에게는 이러한 '기록'이 어렵고 부담스러울 수밖에 없는 노릇이다.

"부장님, 행복성장평가통지는 2학기 학년 말에만 NEIS 생활통지표로 나가는 거죠?"

"네, 학년 초에 수립하신 평가 계획에 학년 말에는 NEIS 생활통지표로 내보내기로 학업성적관리위원회에서 심의했잖아요. 학년 말에만 NEIS로 나갑니다."

"그럼 이번 통지에는 솔직하게 적어 보내도 되겠네요. 저희 반에 정말 공부도 태도도 엉망인 아이가 있는데 이런 이야기를 너무 솔직하게 NEIS에 적으면 안 좋을 것 같아서요."

객관적인 증빙자료를 갖추어야만 자신 있게 적을 수 있는 현실.
NEIS의 기록도 솔직하게 적을 수는 없는 걸까?

적절한 피드백은 타이밍?

Y 교사는 초등학교 5학년 담임교사다. 수학시간에 약분에 대해
열정적으로 학생들을 가르치고 있었다.

"여러분, 이제 약분할 수 있죠?"
"네~"
(몇몇 학생들의 눈빛이 흔들린다.)
"자, 그럼 수학익힘책에 나오는 문제를 해결해 봅시다."
(흔들리는 눈빛을 한 학생은 약분을 하지 못하고 있다.)

'이 상황에서 피드백을 어떻게 해야 하지.'
'눈빛이 흔들리는 학생에게만 설명해 줄까.'
'○○이는 모르는 게 확실해.'
(가까이 가서 봤더니) '역시나 모르는구나.'
'아니면 다시 한번 약분을 설명해 줄까?'
'이미 수학익힘책을 다 푼 학생들은?'
'다시 한번 약분을 설명해도 못하면 어떻게 하지?'

학생들의 배움과 성장은 평가와 그에 따른 피드백을 통해 이루어진다. 과거의 교육현장을 살펴보면 평가는 단순히 학생을 서열화시키는 도구에 불과했으며 평가를 통한 피드백은 거의 이루어지지 않았다. 피드백은 수업과 동떨어져 있는 것이 아니다. 학생들의 다양한 반응에 따라 즉각적으로 이루어져야 한다. Y 교사에게 필요한 피드백은 무엇일까?

*＊＊

교사의 삶은 3월부터 시작되는 고민, 실천, 성찰의 과정일 것이다. 이러한 과정이 학년 말이 될 때까지 아니 교사의 삶이 끝날 때까지 지속되지 않을까 한다. 위에서 이야기한 교사들의 소소한 고민은 현장의 교사들이 공감하는 고민이 아닐까 싶다.

이 책에는 10인 10색의 교사별 평가 이야기가 담겨 있다. 고민에서 시작하여 실천과 성찰을 통해 학생의 성장과 발달에 도움을 주고자 노력했던 이야기를 함께 공유해 보고자 한다.

슬기로운
진단 활동

진단평가 VS 진단 활동

　새 학기가 시작됨과 동시에 초등학교 담임교사는 눈코 뜰 새 없이
바쁘다. 바쁜 3월에 해야 할 중요한 일 중 하나는 바로 학생들을 파
악하는 진단 활동이다.

　과거에는 진단 활동이란 용어 대신 진단평가 또는 진단검사라는
용어를 사용했다. 주로 교과의 인지적 영역을 평가 내용으로 삼고 지
필평가 형식으로 3~6학년까지 전일제로 시행했다. 그러다 보니 학생
들의 정서 및 사회성 발달, 신체 및 감각 발달 등에 대해서는 잘 진
단하기 어려웠다.

　이러한 부분을 보완하여 인지적 영역뿐만 아니라 정서 발달과 사
회성, 신체 발달 등 학생 발달의 다양한 영역을 평가 내용으로 삼고,

3월 한 달 동안 학급별 수시 평가를 바탕으로 다양한 관찰을 통한 학생의 정보를 파악하는 진단 활동이라는 용어가 교육 현장에 등장하게 되었다.

학생의 종합적인 발달 상황을 이해하고 교육 활동의 기초가 되는 진단 활동, 어떻게 해야 할까? 바쁜 학기 초보다 효과적으로 진단 활동을 할 수 없을까? 슬기로운 진단 활동은 어떤 것일까?

수업 과정 속의 진단 활동

새로운 학년 및 학급을 맞게 되면 어떻게 진단 활동을 해야 할지 고민을 한다. 진단 활동을 위한 별도의 검사지를 만들어서 해야 할까? 진단 활동을 위한 교육과정 시수를 따로 편성해 운영해야 할까? 어떻게 하면 학생들의 정보를 보다 효과적으로 얻을 수 있을까?

교사가 기본 교육 활동 속에서 확인된 내용을 바탕으로 수업과 연계하여 진단 활동을 한다면 별도의 검사지를 만들어 꼭 실시하지 않아도 된다. 또한 진단 활동만을 위한 시간을 따로 할애할 필요도 없다. 특별한 무언가를 통해 진단 활동을 하는 것이 아니라 평상시 수업을 하면서 학생 개개인의 인지적·정의적·신체적 영역에 대한 정보를 수집하는 것이다. 즉, 일련의 수업 과정에서 진단 활동이 이루어져야 한다.

진단 활동 영역과 진단 요소 구성

진단 활동 영역 및 진단 요소는 학년 발달 특성 및 학급 상황에 따라 다양하게 구성될 수 있다.

진단 활동 영역 및 진단 요소 예시

영역	진단 요소
인지 발달	– 듣기 · 말하기, 읽기, 쓰기 – 셈하기, 연산 능력
정서 발달 및 사회성	– 자존감, – 기본 예절(인사성, 질서의식, 정리정돈 습관) – 사회성(교우관계, 공감 능력, 의사소통 능력)
신체 발달	– 균형감각, 리듬감 – 신체 조절 능력, 대소 근육 발달 정도

위에 제시된 것 외에도 창의력, 지식 정보 처리능력, 논리적 사고력, 추론 능력, 집중 기억 능력, 심미적 감성 능력, 문화적 소양, 민주시민 의식, 책임감, 협력 등의 다양한 진단 요소들이 있다.

이렇게 많은 진단 요소들을 3월에 다 파악하기란 매우 힘들다. 그래서 하나의 진단 활동으로 다양한 진단 요소를 파악할 수 있도록 세심한 계획이 필요하다.

인지 발달 영역 진단 활동

읽기, 쓰기, 말하기·듣기, 셈하기는 인지 발달 영역을 진단함에 있어 가장 기본이 되는 진단 요소이다. 아침 활동 시간 또는 교과 시간에 자연스럽게 인지 발달 영역뿐만 아니라 다양한 진단 요소를 파악할 수 있는 활동을 몇 가지 소개한다.

고학년 국어과 교육과정 쓰기 영역에서 중요한 것은 자기 표현 능력이다. 자신이 경험한 것, 생각이나 느낌 등을 쓰기의 목적과 내용에 맞게 다양한 종류의 글을 쓰는 역량이 필요하다. 그 역량을 진단하기 위한 첫걸음이 문장 완성 활동과 주제 글쓰기 활동이 아닐까 생각한다.

문장 완성 활동은 다수의 미완성 문장을 학생이 자기 생각대로 완성하는 활동이다. 문장에 나타나는 맥락에 따라 학생의 감정, 생각, 태도, 사회적 관계, 욕구, 소망 등 대부분 사회·정서 발달과 관련된 정보를 얻을 수 있다. 더불어 관점을 조금 달리하여 학생들이 쓴 문장 자체를 문법적으로 접근하면 쓰기와 관련된 인지 발달 영역을 진단할 수 있다. 문장의 구성 성분, 주어와 서술어의 호응 관계, 문장의 완성도, 어휘력, 이해력, 사고력 등을 자연스럽게 진단할 수 있다.

학생들의 글쓰기 능력을 더 자세히 파악하기 위해 주제 글쓰기 활동을 활용했다. 주제 글쓰기는 고학년 담임을 맡은 이후로 매년 운영하는 교육 활동이다. 일주일에 한 번씩 교사가 제시하는 주제에 관한 글을 쓰게 하는데 학생이 쓴 글을 읽어 보면 그 학생의 글쓰기

문장 완성 활동을 활용한 진단 활동

1. 내가 가장 행복할 때는 엄마, 아빠에게 칭찬을 들었을때 가장 행복하다
2. 내가 가장 속상할 때는 다른 사람들이 저를 않좋게 바라볼 때
3. 다른 사람들은 나를 어떻게 바라볼지 궁금하다.
4. 나의 좋은 점(장점)은 그림을 잘그린다.
5. 나의 부족한 점(단점)은 맞춤법을 많이틀린다.
6. 4학년 때 나는 그렇게 시끄럽거나 활발하지 않았다.
7. 내가 좋아하는 친구는 나랑 잘맞는 친구다.
8. 내가 싫어하는 친구는 4가지 없는 친구다.
9. 짜증이 날 때 나는 속마음으로 짜증을 낸다.
10. 나는 친구가 많았으면 좋겠다.
11. 선생님은 나에게 어떤 생각을 가지고 있을까?
12. 내가 꼭 고쳐야 할 습관은 입으로 무슨 소리내기인것 같다.
13. 내 생각에 남자 친구들은 말을 그렇게 잘듣지 않는것같다.
14. 내 생각에 여자 친구들은 또래집단 이생긴것같다.
15. 내가 선생님이라면 재밌게 공부를 가르쳐주고싶다.

능력뿐 아니라 사고력까지 파악할 수 있다. 또한 아침 활동 시간에 자신이 쓴 글을 발표하고 친구들에게 쓴 글에 관한 질문을 받도록 하는 활동을 한다. 이 과정에서 학생들의 읽기, 듣기·말하기 요소를 파악할 수 있었다.

돌아가며 읽기는 학생들의 읽기 능력을 진단하는 데 유용한 활동이다. 평상시 국어 수업시간에는 학생들에게 교과서에 실린 글을 눈

으로 읽게 한다. 하지만 3월 초에는 일부러 학생들의 읽기 능력을 파악하기 위해 한 문장씩 돌아가며 읽기를 한다. 띄어 읽기를 할 수 있는지, 읽고 난 후 내용을 파악할 수 있는지 등을 자연스럽게 파악할 수 있다.

고학년 수학 교과에서 반드시 파악해야 할 것이 사칙연산이다. 특히 곱셈구구를 정확히 외고 있는지는 매우 중요하다. 5학년 수학 교육과정에는 배수와 약수, 최소공배수와 최대공약수 등 곱셈구구가 기본이 되는 개념들이 학생들을 기다리고 있다. 이 개념들은 자연스럽게 약분과 통분의 개념으로 확장되어 간다. 그만큼 학기 초에 빠르게 곱셈구구를 정확히 외고 있는지를 관찰해야 한다. 이때 자주 사용하는 진단 활동이 '구구단을 외자' 놀이이다. 이 활동은 곱셈구구를 정확히 알고 있는 관찰할 수 있을 뿐만 아니라 일정한 박자에 맞추어 리듬감 있게 놀이를 해야 하므로 박자감도 동시에 관찰할 수 있다.

이 외에도 다양한 방법으로 인지 발달 영역을 진단할 수 있다. 중요한 것은 뭔가를 새로 만들어 진단하기보다 교사 자신이 계획한 교육과정을 운영하면서 자연스럽게 학생들의 정보를 파악하는 것이다.

정서 발달 및 사회성 영역 진단 활동

인지 발달, 정서 발달 및 사회성, 신체 발달 영역을 진단하는 데 있어 가장 중요하다고 생각되는 영역은 바로 정서 발달 및 사회성 영역이다. 교사가 매일 만나고 부딪히는 것은 학생들의 정서적인 부분이기 때문이다. 정서적인 부분에는 성격이나 성향, 학생들이 가지고 있는 개개인의 가치관, 인성 등이 포함된다. 다양한 활동을 통한 정서 발달 및 사회성 영역 진단 활동 결과는 앞으로 학급 운영을 하면서 구성원 사이의 관계 맺기, 갈등 해소 등에 큰 도움을 줄 것이다. 이러한 도움을 얻기 위해서 교사는 학생들의 의사소통 능력, 학급에서 능동적인 학생과 수동적인 학생, 대인관계 능력, 감정조절 능력 등을 파악해야 한다.

　3월은 교사나 학생 모두 약간의 긴장감과 두려움, 기대감으로 서로에게 관심을 보이는 시기이며 학급 공동체가 잘 운영될 수 있도록 학급 세우기 활동을 하는 시기이다. 학급 세우기 활동에는 학급 공동 목표 정하기, 학급 이름 만들기, 학급 규칙 정하기, 친구와 친해지기 활동 등이 있다. 이러한 활동을 통해 자연스럽게 정서 발달 및 사회성 영역을 진단할 수 있는 몇 가지 방법에 관해 이야기하고자 한다.

　학생들이 자연스럽게 마음의 문을 열고 서로에게 다가가게 하는 방법 중 하나는 연극 놀이이다. 연극 놀이를 통해 사회성, 표현능력, 사고력, 창의력 등 다양한 요소를 진단할 수 있다. '꼬인 손을 풀자' 연극 놀이는 사회성을 파악하는 데 유용한 놀이이다. 두 사람씩 시작하여 전체가 함께할 수 있는 활동이다. 꼬인 손을 푸는 방법은 한 가지만 있는 것이 아니다. 다양한 방법으로 꼬인 손을 푸는 활동을 통해 학생들 사이에 친밀한 분위기를 자연스럽게 형성하고, 그 과정에서 리더십이 있는 학생을 발견할 수 있다. 꼬인 손을 풀기 위해 생각이나 의견을 제시하는 학생, 다른 학생들에게 지시나 제안하는 학생, 의견은 제시하지 않고 다른 학생들의 지시나 제안만을 따르는 학생 등 학급에서 능동적인 학생과 수동적인 학생들 파악할 수 있다.

'정지 장면 만들기' 연극 놀이는 학생들이 특정 주제에 관하여 자신의 몸을 이용하여 특정 사건이나 생각을 구체적으로 표현하는 놀이이다. 학기 초 창의적 체험활동 시간을 활용하여 처음 만난 친구들과 보다 빨리 친해질 수 있도록 시간을 내어 자주 하는 놀이이다. 이 놀이를 할 때는 학생들이 모둠 구성부터 표현할 주제 정하기, 역할 정하기, 장면 만들기 등 모든 것을 스스로 할 수 있도록 한다. 학생들의 모둠 구성 과정 속에 교우관계를 파악할 수 있으며, 정지 장면 표현을 위한 의사소통 과정에서 일어날 수 있는 갈등 상황을 통해 자신의 감정조절 능력, 공감 능력, 갈등해결 능력 등을 파악할 수 있다.

물체 변형 놀이는 물체의 특징을 파악하는 관찰력과 그것을 응용하는 상상력을 기르는 마임 놀이이다. 예를 들면 짧은 막대기를 보여주고 이것을 사용해 사물이나 장면을 만드는 것이다. 학생들은 주걱, 골프 채, 야구 배트, 마술 봉 등 다양한 물체나 장면을 표현한다. 이 놀이를 통해 학생들의 사고력, 순발력, 창의력 등을 파악할 수 있다.

이 외에도 다양한 연극 놀이가 있다. 연극 놀이를 활용하여 학생들을 진단해 보는 것은 어떨까? 연극 놀이는 그 자체로 교육 활동이 되기도 하지만 학생들의 현재 상태를 파악할 수 있는 진단 활동의 한 방법이 될 수 있다.

3월 초에 학급 세우기 활동을 많이 하게 된다. 이때 학급 회의를 통해 학급 경영에 필요한 다양한 부분들을 결정할 것이다. 학급 회의 과정을 통해 교사는 학생들의 다양한 정보를 파악할 수 있다. 학급 회의에서 학생들의 기본적인 의사소통 능력을 파악할 수 있다. 학급 회의 주제에 알맞은 의견과 근거를 들어 말할 수 있는지, 편견이나 선입견 등은 없는지와 관련된 말하기 능력을 파악할 수 있다. 또한 다른 사람의 말을 경청하며 듣는지, 자기 생각과 비교하며 판단할 수 있는지 등의 듣기 능력을 파악할 수 있다. 학급 회의 과정을 주의 깊게 관찰하면 자신의 의견을 적극적으로 드러내는지, 다른 사람의 의견을 들어 주는지, 무관심한지 등 학생의 성향에 대해서도 어느 정도 파악할 수 있다.

학급 회의를 통해 다양한 요소를 진단할 때 주의해야 할 점은 허용적인 분위기를 만들어야 한다는 것이다. 학급 회의 과정 중 교사의 지나친 개입은 학생들에게 자신의 의견을 꼭 이야기해야 한다는 부담을 갖게 할 수 있으며, 이는 교사가 의도한 진단 활동 목적을 달성하는 데 방해 요소가 될 수 있다.

위에서 이야기한 연극 놀이나 학급 회의를 통한 진단 활동에서 가장 중요한 것은 교사의 세심한 관찰과 기록이다. 이것이 없는 활동은 교육 활동만 이루어지고 진단 활동은 이루어지지 않았다고 볼 수 있다.

신체 발달 영역 진단 활동

앞에서 인지 발달, 정서 발달 및 사회성 영역의 진단 활동 사례를 살펴보았다. 중요한 것은 진단 활동을 위한 무언가를 만들고, 따로 시간을 내어 진단 활동을 하는 것이 아닌 교육과정 속에서 자연스럽게 진단 활동을 하는 것이다. 신체 발달 영역의 진단 활동 또한 마찬가지다.

체육 시간을 활용하면 방향 및 균형감각, 신체 조절 능력, 리듬감, 대·소 근육 발달 등의 신체 발달 영역 진단 요소들을 자연스럽게 파악할 수 있다. 준비운동을 할 때 다양한 스트레칭 동작을 따라 하게 함으로써 방향 및 균형감각을 쉽게 파악할 수 있다.

준비운동 후 항상 하는 것이 얼음땡 놀이다. 얼음땡 놀이는 학생들이 좋아하는 달리기 요소가 들어가 있으며, 정해진 영역 안에서 친구들과 몸을 부딪치며 활동함으로써 새로운 친구들과 금방 친해질 수 있게 해 주는 활동이다. 이 놀이를 하는 동안 학생들의 체력을 진단할 수 있다. 또한 술래가 자신을 터치하려고 할 때 순간적으로 "얼음"이라 외치며 멈춰야 하므로 학생 개개인의 신체 조절 능력도 함께 파악할 수 있다. 더불어 부가적으로 술래에게 "얼음"이라고 외치기 전 터치를 당했음에도 자신은 술래가 아니라고 우기는 학생, 약하게 터치했음에도 세게 쳤다고 화를 내는 학생 등 여러 모습을 통해 감정조절 및 사회성도 확인할 수 있다.

숫자 뒤집기 놀이는 학생들의 신체 조절 능력뿐만 아니라 리더십, 의사소통 능력, 집중력, 기억력 등 다양한 요소를 진단할 수 있는 놀이다. 놀이 방법은 단순하다. 1~15까지 적혀 있는 숫자판을 무작위로 섞은 다음 가로 방향으로 일렬로 나열해 놓는다. 숫자판으로부터 적당한 거리를 두고 학급 모든 구성원은 번호 순서대로 가로 방향으로 앉는다. 첫 번째 학생부터 뛰어나가 앞에 놓인 숫자판 하나를 뒤집어 친구들에게 보여준 후 원래대로 숫자판을 놓고 제자리로 돌아간다. 친구들은 첫 번째 친구가 뒤집은 숫자판의 숫자를 기억해야 한다. 릴레이 형식으로 숫자판을 1~15까지 차례대로 뒤집으면 경기는 끝난다. 중간 순서에 맞지 않는 숫자판을 뒤집으면 처음부터 다시 해야 하는 놀이다. 이 놀이를 하는 과정에서 주도적으로 어느 숫자판을 뒤집어야 하는지를 지시하는 학생, 수신호를 만들어 숫자판의 위치를 알려주는 학생, 작전을 구상해 놀이 중간중간 의견을 제시하는 학생 등 다양한 방면의 진단 요소를 파악할 수 있다.

진단 활동 결과 기록

인지 발달, 정서 발달 및 사회성, 신체 발달 영역의 진단 요소들을 진단했다면 기록은 어떻게 해야 할까? 진단 활동 결과는 학생의 지속적인 성장을 도와주기 위한 기초자료다. 따라서 진단 활동 기록은 교사의 세심한 관찰을 바탕으로 그때그때 특이 사항이 발견될 때마다 기록해 놓는 것이 좋다. 포스트잇이나 스마트 패드, 스마트폰 등에 글이나 사진으로 남겨 두었다가 정리하면 좋다.

하나의 진단 활동 장면을 통해 학급의 모든 학생을 정확하게 진단하기는 힘들다. 진단 장면을 통해 무언가 파악할 수 있는 학생들도 있고 그렇지 않은 학생들도 있기 때문이다. 무조건 같은 방법의 진단 활동을 통해 모든 학생을 진단하려고 하지 말자는 것이다. 다양한 진단 활동을 하다 보면 자연스럽게 학생의 특성을 좀 더 정확하게 파악할 수 있으며 이는 그 학생의 성장에 도움이 되는 피드백을 구체적으로 할 수 있게 만들어 준다.

진단 활동을 품은 수업

이제까지 진단 활동은 학업성취도를 측정하는 것처럼 평가지를 통해 평가하는 모습으로 행해왔다. 실제로 학교 계획서에는 진단평가를 실시한다는 내용을 포함하고 있는 곳이 많다. 이러한 진단은 학생의 성장을 돕기보다는 일회적 선별에 가깝다. 학생들에게 도움을 주는 진단 활동이 되기 위해서는 3월에만 실시하는 진단평가가 아닌 교사와 학생이 상호작용하고 있는 수업 과정 내에서 이루어져야 한다.

즉, 슬기로운 진단 활동이란 교사의 면밀한 관찰과 기록을 동반한 수업이다. 교사는 진단 활동과 수업을 이분법적으로 구분하지 말고 수업이 곧 진단 활동이며 그 자체가 배움의 과정이라는 생각을 가져야 한다.

더불어 하나의 활동으로 다양한 영역을 진단할 수 있도록 진단 활동을 구성해야 한다. 예를 들어 체육 시간에 하는 게임 활동을 통해 신체적인 부분뿐만 아니라 의사소통 능력, 감정조절 능력 등을 파악할 수 있다. 하나의 활동으로 다양한 영역을 진단할 수 있는 활동을 구상하고 동료 교사와 공유하고 상호 보완하면 보다 효과적인 진단 활동이 이루어질 것이다.

평가 아닌 평가

새로운 방향성

이전에는 정해진 교육과정을 운영하기 위해 정해진 수업내용에 학생들의 관심을 끌어모아 수업을 진행하였다. 흥미와 관심을 유발하지 못했을 때는 상과 벌을 통해 동기를 자극하기도 했다. 하지만 늘 한계에 봉착한다. 또 다른 방법을 찾아본다. 학생체험, 독서, 토론, 게임, STEAM, 각종 리터러시, 프로젝트, 재구성, AI, 놀이, 연극, 문제 중심, 거꾸로, 블랜디드, 백워드, 이해 중심, 협력 등 살짝 접해 본 것도 있고 깊이 파고 들어간 것도 있다. 하지만 이제는 그중 어느 한 가지도 답이 될 수 없다는 것을 안다. 모두가 방법일 뿐이다. 왜 그 많은 방법을 찾았지? 왜 그런 방법들을 시도했지? 돌아보니 그 시작에 흥미와 관심, 동기와 의욕이 있었다. 그 끝에 학생이 있었다.

이제 학생들을 보고 그들에 맞추어 함께 배움으로 나아가고자 한다. 학습과 성장에 초점을 맞추고 있는 이제까지의 교육과정은 개별화와 맞춤형의 방향성으로 움직이면서 공통의 성취기준에서 학습자별 성취기준으로의 변화를 예고하고 있다. 또한 그러한 변화는 단순히 효율적이고 효과적인 학습과 성장만을 위하는 것이 아니라 학생들의 행복을 함께 고려한다.

이러한 관점으로 수업과 평가를 하면 학생들이 즐겁게 과제를 수행하고 행복한 배움을 통해 성장할 것이라 기대한다. 수업의 주제가 학생들의 관심사와 일치하도록 계획함으로써 학생들에게 평가에 대한 부담을 주지 않고 성취기준 도달 정도를 평가하고자 하였다.

이는 일반적인 수업과 평가의 흐름과는 조금 다르다. 계획에 따라 순차적으로 이루어지는 것이 아니라 수업과 평가가 서로 영향을 주며 유연하게 변화하는 교육과정이다. 다양한 평가의 상황을 종합적으로 고려하여 수행과제와 수업이 서로 영향을 주며 상황에 따라 변화한다. 그것을 평가하고 피드백함으로써 또 다른 수업과 수행과제를 만들어 가는 것이다. 학생의 반응과 교사의 반응이 유기적으로 연결되어 연속적으로 새로운 수업을 만들어 가고자 했다.[1] 결코 우회할 수 없는 성취기준이라는 절대적인 교육과정의 잣대와 최근 떠오

----

1. 평가에서의 피드백은 일반적인 용어보다 좁은 의미로 사용된다. 이를 일반적인 의미와 섞어서 사용하면 혼동될 수 있다. 따라서 성취기준에 도달하도록 도움을 주는 경우 피드백으로 그 외의 경우에는 학생의 반응, 교사의 반응 등으로 구분하여 사용하였다. 몇몇 이해에 어려움이 없는 경우에는 혼용하기도 했다.

르는 평가의 중요성을 더하여 학생들의 관심사에 맞춰 가는 수업과 평가를 시도했다. 그 실천의 기록이다.

학생 마음대로

교육과정의 전반적인 방향성과 주제만으로 수업을 계획한다. 수업을 계획할 때는 머릿속에 여러 성취기준이 떠다니지만 끼워 맞추려고 노력하지 않는다. 그저 학생들과 함께 즐겁게 활동할만한 것을 찾는다. 가능한 학생들과 함께 정한다. 잘 안 될 때는 무작정 밖으로 나간다. 새로운 환경이 눈에 들어오면 궁금한 것과 하고 싶은 것이 생긴다. 그렇게 계획한 수업이 진행되는 동안 학생들을 관찰하고 학생들의 반응에 따라 수업의 주제와 내용을 바꾸어 가며 수업을 진행한다. 학생들의 선택에 따라 갈림길을 찾아가는 수업이다. 계획하면서 미리 예상한 반응과 선택지라면 무리 없이 수업을 이어갈 수 있다. 때로 예상치 못한 상황이 나타나더라도 새로운 주제와 내용으로 수업을 이어간다. 학생들의 관심사를 따라가며 학습을 한다.

학생들을 관찰하고 대화하고 피드백하며 반응을 살피는 수업이 진행되며 동시에 평가가 이루어진다. 수업을 마치고 그날의 수업에서 관찰한 내용, 배움의 과정과 결과물을 토대로 학생이 어떤 성취기준에 얼마나 도달하였는지 확인한다. 성취기준 목록에 표시하고 도달 여부에 따라 이후의 수업을 계획한다. 계획은 하지만 어디로 갈지 확신할 수 없는, 학생의 관심사를 따라가는, 상황에 따라 적절히 변신이 가능한, 그런 수업을 다시 시작하는 것이다. 이런 수업을 하면 평가를 중심에 두고 수업을 계획하지 않더라도 평가가 녹아있는 수업을 할 수 있다고 생각하였다. 그래서 실천해 보았다. 작은 학교의 2학년 5명과 함께하였다.

학생들의 관심과 선택은 학교 숲이다. 학교 숲이 규모를 축소하여 구석진 곳으로 옮겨지기 때문이다. 숲에 있는 나무 대부분은 폐기되고 일부만 옮겨진다. 학생들도 그 사실을 알고 있다. 숲이 옮겨지기 전에 학교 숲에서 학생들과 더 많은 시간을 보내고 싶은 욕심이 있었다. 내 욕심에 화답하듯 학생들도 학교 숲에 우리의 흔적을 남기고 학교 숲을 추억하기를 원했다. 그렇게 시작된 수업이다. 마침 학교 숲에는 다양한 봄꽃이 만발하였다.

교사가 원하는 배움은 학교 숲을 통한 예술적인 경험과 자연에 대한 고마움을 마음에 새기는 것이다. 수업 방법은 숲에 있는 재료를 활용하여 아름다움을 표현하고, 시간에 따라 변화하는 모습을 관찰하는 대지 미술을 통해, 함께 자연을 배우는 것이다. 숲의 재료 중 곧 폐기 처분된다고 가지치기도 해 주지 않은 꽃이 잔뜩 핀 벚나무의 가지를 잘라서 사용하고자 했다. 그러다 문득 나뭇가지를 자를 때 학생들이 어떤 반응을 보일지 궁금하였다. 선택지를 줘야 했다. 그렇게 수업을 계획하였다.

처음에는 생각한 대로 수업이 진행되었다. 나는 재료가 부족하다는 학생들의 의견을 듣고 꽃이 핀 나뭇가지를 잘라서 재료를 모아 주었다. 학생들은 봄의 모습을 표현할 재료를 보며 기뻐하다가 계

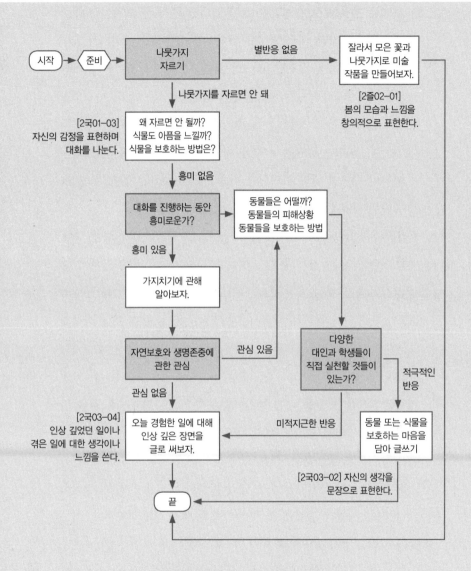

시작 → **준비** → **나뭇가지 자르기** ──별반응 없음──→ 잘라서 모은 꽃과 나뭇가지로 미술 작품을 만들어보자.

[2즐02-01] 봄의 모습과 느낌을 창의적으로 표현한다.

나뭇가지를 자르면 안 돼

[2국01-03] 자신의 감정을 표현하며 대화를 나눈다.

왜 자르면 안 될까? 식물도 아픔을 느낄까? 식물을 보호하는 방법은?

흥미 없음

대화를 진행하는 동안 흥미로운가? ──→ 동물들은 어떨까? 동물들의 피해상황 동물들을 보호하는 방법

흥미 있음

가지치기에 관해 알아보자.

자연보호와 생명존중에 관한 관심 ──관심 있음──→ 다양한 대인과 학생들이 직접 실천할 것들이 있는가? ──적극적인 반응──→ 동물 또는 식물을 보호하는 마음을 담아 글쓰기

관심 없음

[2국03-04] 인상 깊었던 일이나 겪은 일에 대한 생각이나 느낌을 쓴다.

오늘 경험한 일에 대해 인상 깊은 장면을 글로 써보자. ←──미적지근한 반응──

[2국03-02] 자신의 생각을 문장으로 표현한다.

끝

머릿속으로 생각한 수업 계획의 시각화

속 쌓이는 재료를 보며 점점 표정이 달라졌다. 곧 한 학생을 시작으로 나뭇가지를 잘라 내지 말라고 외치기 시작했다. 가지치기의 개념을 설명하며 설득을 시도했지만, 학생들의 생각은 완고하였다. 마침 계획한 선택지라서 학생들과 교실에서 이와 관련된 대화를 나누기로 했다. 그런데 교실로 이동하는 도중에 건물 입구 쪽에서 죽은 새 두 마리를 발견하였다. 학생들은 죽은 새에 마음을 빼앗겼다. 더는 나무가 아프니 자르지 말라고 외치던 학생들이 아니었다. 학생들은 멈춰서서 죽은 새에 관해 끊임없이 이야기한다.

예상치 못한 상황이지만 수업의 방향을 바꾸었다. 학생들은 죽은 새를 어떻게 하는 것이 좋을지 대화를 나누었다. 그리고는 왜 그렇게 생각하는지, 새는 왜 이곳에 그것도 두 마리가 죽어 있는지, 새의 종류는 무엇인지 등의 이야기를 나누었다. 묻어 주자는 한 학생의 의견에 교사의 의견을 더해서 장례를 치르고 무덤을 만들어 주기로 하였다.

몇몇 학생들이 땅을 파는 동안, 다른 학생들은 도화지로 관을 만들고, 죽은 새에게 편지를 썼다. 돌아가며 땅을 판 후에 관에 새를 넣었다. 꽃으로 장식하고, 죽은 새에게 쓰는 편지를 함께 넣어 관을 닫은 후 무덤에 곱게 넣어 흙을 덮었다. 무덤 위에 꽃을 뿌려 장식하고, 비석을 세웠다. 교실에 들어가서 죽은 새가 어떤 새인지 찾아보았다. 그리고 글쓰기를 했다.

불쌍한 산비둘기

산비둘기가 죽었다.
다음 생에 사람으로 태어나.
행운이 있어야 한다.
기억할게
날 기억해야 한다.

불쌍한 산비둘기

오늘 1교시에 야외 수업이었다. 놀았다.
그때 준비물을 가지러 가는 순간 죽은
새가 보였다. 친구들, 선생님한테 말했
다. 친구들이 불쌍해하고 기겁했다. 무
덤을 만들어 줬다. 시간이 많이 걸렸다.
한 1시간 정도? 그 새가 뭐인지 찾아봤
다. 탭으로. 그 새 이름은 산비둘기. 불
쌍하다.

산비둘기

학교 왔다. 새 시체를 찾았다. 처참했다.
2마리였다. 불쌍하다. 묻어 주기로 했다.
묻어주는 데 시간이 많이 걸렸다. 새 종
이 산비둘기였다. 종류를 보는데도 안
나왔다. 정말 찾기 어려웠다. 선생님이
찾아 주셨다. 새가 너무 불쌍하다. 묻을
때 방법은 재료가 없어서 종이로 관을
접고 새를 넣고 꽃도 넣고 땅을 파고 관
을 넣고 묻으면 끝이다. 좋은 곳에 갔으
면 좋겠다.

불쌍한 산비둘기

죽은 비둘기를 봤다.
그래서 무덤에 묻어 줬다.
불쌍하다.
다음 생에는 제발 사람으로
태어났으면 좋겠다.
기분은 안 좋다.

적용한 성취기준을 중심으로 요약하면 아래와 같다.

[2즐02-01] 봄의 모습과 느낌을 창의적으로 표현한다.

♣ 죽은 새를 발견하게 되면서 수업을 진행하지 못함.

♣ 꽃과 나뭇가지를 이용하여 무덤을 장식하였지만 봄의 모습과 느
  낌을 창의적으로 표현했다고 하기에는 거리가 있어서 평가 상황
  에서 제외하였음.

♣ 나중에 종이접기, 종이 찢어 붙이기 활동을 하였음.

[2국01-03] 자신의 감정을 표현하며 대화를 나눈다.

♣ 새의 죽음과 관련하여 짙은 감정이 실린 대화를 나눔.

[2바08-02] 생명을 존중하며 동식물을 보호한다.

♣ 한 학생을 시작으로 나뭇가지를 자르지 못하게 막아섬. 죽은 새를
  위한 장례식.

[2국03-04] 인상 깊었던 일이나 겪은 일에 관한 생각이나 느낌을 쓴다.

♣ 새의 죽음과 새의 무덤을 만들어 준 일에 대해 생각과 느낌을 씀.

꽃과 나뭇가지를 이용하여 죽은 새의 관과 무덤을 아름답게 장식
하였지만, 그것이 봄의 모습과 느낌을 창의적으로 표현하는 것과는
거리가 있다는 판단에 성취기준 적용을 하지 않았다. 그 외의 성취
기준에는 모두 도달하였는데, 앞에서 기술한 것처럼 수업 과정에서
관찰한 내용을 수업이 끝난 후 적용하였다. 도달한 성취기준과 그렇
지 못한 성취기준을 구분한다. 도달하지 못한 성취기준은 나중에 다

른 수업을 진행한다.

학생들은 생명을 존중하며 동식물을 보호하려는 태도를 보여 주었다. 친구들과의 대화에서 상대방의 감정을 생각하며 자신의 감정을 표현하였다. 겪은 일에 관한 생각과 느낌을 절절히 썼다. 이렇게 마무리되던 수업은 학생들의 식지 않는 관심으로 또 다른 방향으로 나아간다.

교사 마음대로

학생들의 관심이 강력하게 살아있을 때 더 적극적으로 수업에 끌어당겼다. 학생들은 새가 죽은 이유, 죽은 새의 종류를 알고 싶어 했다. 이에 조사 활동을 함께하였다. 학생들은 새가 죽은 이유를 추측하며 두 마리는 부부였을 것이라 했다. 당일에 죽은 새가 어떤 새인지 알아보기 위해 인터넷을 검색하였다. 학생들은 온갖 새들의 사진을 찾아서 비슷하기만 하면 들고 왔다. 그렇게 막혀 있는 상황에서 교사가 어느 가정집 창문에 두 마리의 새가 머리를 부딪혀 죽은 기사를 찾았다. 기사에 따르면 그 새는 산비둘기였고, 사진도 함께 올라와 있었다. 사진 속 새가 우리가 찾는 새와 매우 흡사했다. 특히 두 마리가 함께 죽은 것은 우리의 상황과 너무나 비슷했다. 학생들은 죽은 새가 산비둘기라고 확신했다.

하지만 며칠 후 학교 도서관에서 찾은 책을 통해 죽은 새가 호랑지빠귀였음을 알게 되었다. '홀로 남은 호랑지빠귀'라는 책이었다. 소리 내어 같이 책을 읽었다. 부부가 함께 다니는 철새로 새끼를 낳으면 부부가 번갈아 가며 온 힘을 다해 키우는 것을 알게 되었다.

한 학생이 철새가 어떤 새인지 질문하였다. 텃새와 철새를 알아보고 어떤 새들이 있는지 조사하였다. 학교에서 참새를 봤다는 학생의 말에 모두 참새를 찾으러 나갔다. 학교 후문 쪽에서 새의 울음소리가 들렸다. 한동안 소리를 들으면서 위치 파악을 하였다. 학교 건물의 처마 안쪽에서 많은 참새를 발견하였다. 참새 아파트 같다고 한 학생이 말했다. 그리고 같은 처마에서 제비와 다른 새도 발견하였다. 어떤 새는 나뭇가지를 물고 날아올라 집을 짓고 있었고 어떤 새는 먹을 것을 물고 날아올랐다. 새들은 집으로 가기 전에 꼭 근처의 전선이나 나무 위에 잠시 앉았다가 날아 들어갔다. 학생들은 힘들어서 쉬었다 들어가는 것이라 했다. 적에게 들키지 않기 위해 주변을 둘러보고 안전할 때 들어가는 것이라고 알려 주었다. 글쓰기로 수업을 마무리하였다.

교사는 학생들과 새들의 모습을 관찰하며 우리들의 봄 생활과 연결하여 비교해 보았다. 학생들은 계절의 변화에 따라 달라지는 날씨, 생활에 대해 술술 발표하였다. 학생들에게 호랑지빠귀의 죽음과 관련하여 사람으로 인해, 사람이 만든 것들로 인해 다른 동물들에게 피해를 주거나 죽음에 이르게 하는 것들이 있음을 말해 주었다. 한 학생이 '로드킬'이라는 단어를 말하였다. 마침 뉴스에서 두꺼비의 대이동 이야기가 보도되었다. 뉴스를 함께 본 후에 학생들과 교과서를 함께 읽어 보았다. 학생들은 로드킬을 방지하고 동물을 보호할 방법

참새

참새 소리가 좋았다.
참새가 귀엽다.
새들이 섞여 있다.
새들 소리가 섞여서
좋은 소리가 들렸다.
참새가 입에 뭐를 물고 있었다.
그거 갖고 뭘 할라는지 모르겠다.

참새

오늘 열체크 하고 밖에서 놀았다. 지렁이도
보았다. 내가 지렁이를 비볐다. 죽었다. 그때
선생님이 왔다. ○○와 함께… 야외수업을 했
다. 양궁장 뒤쪽에 갔다. 선생님이 쉿! 숨죽
였다. 새소리를 들었다. 새소리는 짹짹짹 소
리가 좋았다. 둥지 이야기도 했다. 둥지를 내
일 만들 거다. 먹이도 둥지 안에 넣을 것이
다. 먹이는 빵부스러기, 쌀, 콩을 줄 것이다.
새집을 나무에 걸어둘 것이다. 잘 키우고 싶
다. 새가 귀엽고 소리가 좋아서 그런다. 새를
위해 집을 지을 거다. 새야 잘 키울게~~!

새

오늘 학교에 왔다. ○○, ○○, ○○ 이렇게 놀
았다. 선생님과 ○○이가 왔다. 후문으로 가
서 새들을 봐서 재미있었다. 다음에는 새집
을 만들 거다. 그럼 더 재미있을 것 같다. 새
들을 키우기로 할 거다. 내일부터 시작할 거
다. 벌써 설렌다. 내일이 빨리 왔으면 좋겠다.
새들이 있을지 모르겠다. 새 소리가 정말 아
름다웠다. 새집을 만드는 이유는 강풍이 불면
다칠 거 같아서고 키우는 곳은 후문이고 키
우는 법은 쭉~~~ 밥을 줄 거다. 밥은 빵을
주기로 했다. 준비는 끝났다. 내일이 빨리 왔
으면 좋겠다. 새한테 하고 싶은 말은 밥을 잘
먹고 잠을 잘 자고 말을 잘 들어줘~

참새

1교시에 참새를 봤다.
너무 귀여웠다.
그래서 내일부터
새를 키울 거다.
새집도 지어주고 모이도 주고
잘 키울 거다.
다
잘 자랐으면 좋겠다.

을 생각하고 발표하였다. 그리고 교사는 학생이 말한 그 방법이 실제로 적용된 모습을 사진을 찾아서 보여 주었다. 학생들은 자기 생각이 실제로 이루어졌다며 놀라워했다. 동물을 위한 신호등을 만들자고 하기도 하는 학생의 말에 교통안전에 관한 이야기를 잠시 해 주었다.

마지막 수업시간이 지날 때까지 학생들은 또 다른 방법, 더 좋은 방법을 생각하고 발표하였다. 여운이 가시지 않은 학생들은 수업이 끝나고 돌봄교실에서 종이로 모형을 만들어 다음 날 가져오기도 했다. 다음 날 동시를 쓰며 수업을 마무리하였다. 각자의 시와 글을 소리 내어 읽고 서로의 시와 글을 들으며 길게 이어진 꼬리물기 수업을 정리하였다.

동물 도와주기

5교시 때 두꺼비 대이동을 영상으로 봤다.
하지만!
두꺼비가 다니는 길이 도로다.
그래서 로드킬을 너무 많이 당한다고 한다.
불쌍하다.
그래서!!!
동물을 도와주는 방법을 말했다.
돌봄에서는
그 방법을 설계도로 만들 것이다.

국어

오늘 5교시에 '동물마을에서 일어난 일'이라는 이야기를 읽었다. 재미있었다. 동물들을 안전하게 하고 싶다. 세상이 더 좋아져서 동물들을 안전하게 해 주는 시스템이 생기면 좋겠다. 내가 생각한 시스템은 터널에다 풀로 길을 만들면 끝이다. 선생님이 검색해 주셨다. 근데 진짜 있었다. 신기했다.

적용한 성취기준을 중심으로 요약하면 아래와 같다.

[2국02-01] 글자, 낱말, 문장을 소리 내어 읽는다.

♣ 동화책《홀로 남은 호랑지빠귀》

[2국02-02] 문장과 글을 알맞게 띄어 읽는다.

♣ 2-1 국어 교과서 39~40쪽 읽기

[2슬02-01] 봄 날씨의 특징과 주변의 생활 모습을 관련 짓는다.

♣ 호랑지빠귀와 참새를 통해 철새와 텃새 구분하기

♣ 계절에 따라 달라지는 동물의 이동, 동물의 모습

♣ 계절에 따라 달라지는 우리의 모습

♣ 봄 날씨의 특징, 주변의 생활 모습

[2국01-04] 듣는 이를 바라보며 바른 자세로 자신 있게 말한다.

♣ 2-1 국어 교과서 39~40쪽 읽기, 로드킬을 줄이는 방법 발표하기

[2국05-01] 느낌과 분위기를 살려 그림책, 시나 노래, 짧은 이야기를 들려주거나 듣는다.

♣ 직접 쓴 동시를 친구들에게 들려주고 듣기

수업이 진행되는 과정에서 학생들은 많은 성취기준에 도달하였다. 관심이 쏠리면서 평소보다 적극적인 학생들의 활동이 영향을 주었을 것이다.

이 수업의 시작은 학생을 따라가는 것으로 계획하였다. 그리고 그렇게 했다고 생각했다. 그런데 실천한 내용을 글로 정리하며 돌아보니

많은 부분에서 학생보다 교사의 의도에 따라 수업이 진행되었다. 학생들의 모습과 반응에 따라 교사가 의도하는 방향으로 반응하며 수업을 이끌어 갔다. 재미있는 것은 학생들이 그걸 모른다는 것이다. 학생들은 자기들이 원하는 대로 수업이 진행되어 좋았다고 하였다. 2학년이라서 그럴지도 모른다.

마음 가는 곳으로

수업이 진행되는 동안 많은 것이 눈에 들어온다. 성취기준에 관련된 것도 있고 그렇지 않은 것도 있다. 수업 과정에서 드러나는 말과 행동, 표정, 활동, 결과물 등에서 학생의 변화를 감지해야 한다. 그리고 학생의 변화에 따른 교사의 반응(질문, 조언, 칭찬, 제안 등)과 피드백을 통해 부족한 부분을 채우거나 더 나아가도록 한다. 세상에서 가장 어려운 적절한 피드백이 곧 수업이 되는 것이다. 피드백은 평가로부터 나온다. 수업은 시작과 동시에 평가도 시작이 되고, 수업을 하는 것이 곧 피드백하는 것이다. 학생의 반응과 교사의 반응은 상호작용을 통해 더 나아가기도 하고 멈추기도 한다.

학생들의 관심은 금방 새로운 것으로 넘어간다. 교사는 이를 잘 감지하여 교육 활동에 적용함으로써 학생의 배움을 강화할 수 있다. 하지만 그러한 일들이 늘 있는 것이 아니다. 평소에는 교사가 학생들의 관심을 이끌어야 한다. 그게 무엇이든 학생들 사이에서 관심사가 되면, 그것이 학습의 가장 커다란 동기가 될 것이다. 요즈음 학생들은 적절한 동기가 부여되면 컴퓨터, 태블릿, 핸드폰, 도서관 등 다양한 도구를 이용하여 스스로 학습을 할 수 있다. 개인별 관심 정도에 따라 속도와 방향에 있어 서로 다른 점이 생기지만 개별맞춤 안내와 피드백, 동료와의 협력 등을 통해 스스로 배운다.

　삶 속에서 경험하고 그 경험을 통하여 성장하는 학생들의 상황을 고려하여 함께 만들어 가는 교육과정을 실천하려고 했다. 학생들이 그 경험 속에서 성장하고 그 과정에서 교사의 적절한 반응이 학생의 성장을 돕는 동시에 다음 수업을 만들어 가는 열쇠라고 생각했기 때문이다.

　하지만 아직 여러 가지로 부족하다. 학교 현장에서의 평가는 학생의 성장과 발달을 위한 평가가 되어야 하며 이를 위해 교사들은 평가를 넓게 생각해야 하는데 이번 수업 사례에서는 단순히 학생들이 할 수 있는지, 없는지에 국한하여 평가했으며 초과 도달의 경우는 따로 확인하지 않았다. 그리고 변화하는 교육과정에 유연하게 대처하면서 학생 평가의 전문적인 실천 사례라고 하기에는 구체성이 충분히 드러나지 않았다. 또한 교사의 반응이 성취기준과 직접적인 연관성이 떨어지는 경우도 많아서 그것을 피드백이라고 하기에는 차이가 있다. 마지막으로 수업으로 인한 학생들의 변화 즉, 이러한 수업과 평가로 인해 학생들이 성장한 모습을 객관화하기에는 사례가 충분치 않았다.

　이런 이유로 부족한 수업이고 평가였지만 학생들과 즐겁게 수업하면서 더 좋은 평가를 시도해 본 것에 의의를 둔다. 지속적인 실천을 통해 학생들의 학습 동기를 적극적으로 활용하는 수업과 평가로 한 걸음 더 나아갈 것이다. 학생들은 각자의 관심사에 푹 빠져서 그것을 학습하고, 조사하고, 발표하고, 관련 서적도 읽고, 노래도 부르고, 그림도 그리고, 글쓰기도 하면서 좋아하는 것을 따라가다 보니 자연스레 여러 성취기준에 도달하는 수업. 교사는 어떤 성취기준에 도달했는지 관찰을 통해 발견하는 수업. 자기만의 방식으로 스스로 성장하는 학생들과 그것을 보조해 주고 성장한 정도를 발견하고 기뻐하고 격려해 주고 책임지는 교사가 되고 싶다.

학생들과 마찬가지로 교사의 관심사도 시시때때로 변한다. 지금 우리의 관심사는 무엇이며 그로 인해 우리는 무엇을 보고 어디로 가는가? 중간에 어떤 길로 갈지 알 수 없지만, 갈림길에서 너무 고민하지 말고 마음 가는 곳으로 가자. 가다 보면 결국 원하는 바를 찾을 것이다. 이제까지 한 것보다 앞으로 해야 할 것이 더 많다. 그저 실천하는 것이다. 누군가에게 뭔가를 증명하고자 하는 것이 아니다. 스스로 옳다고 생각하는 그것을 꾸준히 하는 것이다. 다만 내가 옳다고 믿는 그것이 오로지 나에게만 옳을 수 있음을 늘 경계해야 한다.

나는 여전히 피드백이 어렵다

피드백에 대한 관심이 높아졌다

학교 복도를 거닐다 보면 학생들과 함께인 교실은 언제나 분주하다. 복잡하고 역동적인 교실 상황에서 교사 혼자서 학생이 무엇을 어려워하고 이해가 안 되기에 어떤 도움을 필요로 하는지 파악하는 것은 쉽지 않다. 특히 다인수 학급인 경우는 더 그렇다. 다른 선생님들은 학생들을 어떻게 평가하고, 평가결과를 어떻게 활용하는지에 대한 부분이 항상 궁금하다.

평가결과는 '잘 배웠다'를 판단하는 기준으로 활용되는 경우가 많다. 판단의 기준이 결과가 아니라 학습을 하는 과정에 의미를 두었다면 어땠을까? 아마도 평가에 대한 시각이 지금과는 조금 달랐을지 모른다. 많은 사람들이 결과보다 과정이 중요하다고 말하고 있지만 여전히 결과는 중요하고 결과만큼 과정에 큰 의미를 부여하지 않는다. 평가방법이 많이 개선되었다고는 하지만, 여전히 결과를 수치화시켜 보여 주고 있다.

평가의 과정도 중요하다는 인식이 확산되면서 평가도 교육현장에서 발맞춰 변하고 있다. 동시에 교사들 또한 여러 방식으로 평가를 개선하기 위해 노력하고 있다. 과정을 중요하게 만드는 노력 중 하나로 피드백이 역할을 하지 않을까?

2015 개정교육과정 총론에서는 '학습의 과정을 중시하는 평가'에 대해 언급하고 있다. '과정중심평가'라는 용어도 이 구절에서 차용한 것이 아닌가 생각한다. 누군가 '과정중심평가는 이것이다'라고 속 시원히 말해 주면 좋겠지만 아직까지 명확하게 정의를 내려 주는 사람이 없다. 저마다 다른 관점으로 과정중심평가라는 용어를 읽어 내고 이해하고 있다. 그래서였을까? 한국교육과정평가원에서는 과정중심평가의 의미를 이렇게 말하였다.

교육과정 성취기준에 기반한 평가 계획에 따라 교수·학습 과정에서 학생의 변화와 성장에 대한 자료를 다각도로 수집하여 적절한 피드백을 제공하는 평가.[2]

....

2. 한국교육과정평가원, "수업과 연계한 수행평가 어떻게 할까요?", KICE 연구·정책브리프 vol. 14(2019)

학교 현장에서 통용되고 있는 과정중심평가에 대한 정의는 위 문장에 기반하고 있다. 그렇지만 마지막 부분에 있는 '적절한 피드백'이라는 부분에서 불편함을 느꼈다. 과연 적절한 피드백이란 무엇일까? 도대체 어떻게 제공하는 것이 적절하다는 것일까? 이제까지 적절하게 주고 있었을까? 이 구절에서 느낀 불편함을 조금이나마 해소하기 위한 고민과 실천이 거듭되었다. 지금도 여전히 진행 중이다.

　피드백에 대해 강조하고 연구하는 것은 '피드백은 교육적으로 효과가 있다'라는 전제가 바탕에 깔려있기 때문이다. 사실 과정중심평가 때문이 아니더라도 피드백의 중요성에 대해서는 어렴풋이 알고 있었다. 피드백을 제공하는 목적은 학생들의 학습상황을 점검하고, 정보를 제공해서 학습 목표에 도달할 수 있도록 돕는 것이다. 학생들에게 도움을 주기 위한 방안으로 교사 자신의 수업방법을 개선하거나, 자료를 연구하는 것은 당연히 따라오는 결과이다. 때문에 피드백도 수업연구 못지않은 노력이 요구된다.

　초등학교의 평가는 수행평가로 실시하고 있다. 수행평가 실시에 따른 공정성과 객관성에 대한 우려는 존재한다. 교사가 많은 학생들을 객관적으로 평가하지 못한다는 것은 사실이다. 평가영역이 지식에 국한된 것이 아니라 추상적 개념에 대한 것도 있기 때문이다. 그래서 교사가 무엇을 기준으로 평가하느냐에 따라 평가는 달라질 수 있다. 다만 수행평가가 평가의 주된 형태로 자리 잡게 된 것은 기존의 평가가 가진 부정적 측면을 극복하고자 하는 움직임이었을지 모른다. 지식을 알고 있다는 것을 확인하는 것에 그치지 않고, 어떻게 이해하고 활용하고 있는지를 확인하기 위한 평가로 변하고 있다.

학생들에게 배움이 일어났는지 확인하기 위해 평가를 하게 되지만, 정작 그 평가 결과를 잘 활용하였나? 평가 결과를 학생들의 배움을 위해 끊임없이 지원하는 자료로 다시 활용하지 못하고 있지는 않은가? 평가가 '평가를 하였다'는 그 행위에 머물러 있지는 않은가? 평가결과는 의미 있는 자료로 사용되어야 한다. 가르침이 있는 곳에 평가가 존재하고, 그 평가의 결과가 학생들에게 도움이 되어야 한다는 점에서 피드백의 그 역할은 매우 중요하다.

피드백에 대한 궁금증은 여전히 많고, 그 고민에 대한 해답을 나름대로 만들어 가는 중이다. 여기서 기술하는 내용들이 피드백의 길잡이가 되고 정답이었으면 좋겠지만 지금도 답을 찾기 위한 고민은 여전히 현재진행형이다.

피드백은 정말 필요한 것일까?

이제껏 새로운 교육방법과 많은 정책이 있었지만 대부분 지금은 언급되지 않는다. 여전히 명맥을 유지하는 것도 일부 있지만, 대부분의 방안들은 새로운 방안이 나오면 그 수명을 다했다. 새로운 교육사조와 방법들의 성패가 그것을 생산해낸 사람들의 의지에 달려 있었던가? 그 성패는 실제로 행하는 교사의 의지와 동의, 헌신 등에 달려 있었다는 것을 경험을 통해 알고 있다. 그리고 교사를 움직이는 힘은 교사 개개인의 실제적 지식에 근원한다.

피드백을 하는 것도 그와 같지 않을까. 과정중심평가가 시작되면서 교사들 사이에서 피드백에 대한 필요성과 관심도 높아졌다. '과정중심평가'는 '과정'에 방점을 두고 있다. 그리고 피드백은 학생들이 결과물을 산출하는 과정이나 성취기준에 도달하는 일련의 과정에 존재한다는 점에서 중요하다. 피드백은 학습결과만이 아니라 과정까지 염두에 두고 있기 때문이다.

이렇게 중요한 피드백을 그동안 잘하고 있었을까? 최근 몇 년 사이 평가방법은 빠르게 변하였다. 획일화된 모습을 걷어 내고 교사별, 교과별로도 다양하게 평가를 실시해 왔다. 학생들의 성장을 도울 수 있는 평가 방법에 대해 고민해 온 것에 비해 피드백에 대한 노력과 고민은 상대적으로 부족했다. 성취기준에 미도달한 학생들까지도 도달할 수 있도록 적절한 도움을 주었을까?

그렇다고 말할 수는 없다. 여전히 학급에는 학습에 어려움을 겪는 학생들이 있다. 그렇다면 학생들에게 적절한 피드백을 제공하지 못한 이유는 무엇일까? 피드백을 준다는 것은 실천적인 문제다. 즉, 피드백을 해야 한다는 당위성에 머물러 있는 것이 아니라 직접 해 봐야 한다. 그러면 방법이 보인다. 무슨 말을 해줘야 하는지, 어떤 식의 도움이 필요한지 알기 위해서 교사가 학생의 문제 상황으로 들어가 봐야 알 수 있다. 그래서 좋은 피드백을 주기 위해서 학생에 대한 이해가 필요하다.

그렇다면 여기서 생각해 볼 문제는 지금까지 학생들의 수업에 대한 이해 정도를 어떻게 파악하고 있었냐는 것에 대한 것이다. 교사들은 일상적인 대화나 글, 수행과정을 관찰하고, 지필로 시험을 보는 등 다양한 방법을 사용하여 학생의 이해도를 파악하려고 노력하고 있다. 그리고 수집한 자료들에서 놓치는 부분은 없었는지 다시 한번 뒤적여 본다. 다양하게 수집한 자료는 평가의 근거자료가 되고, 동시에 학생을 다각도로 이해하기 위한 자료가 된다.

학생의 학습상태를 진단하는 것은 쉽지 않기 때문에 다양한 자료를 수집하게 된다. 평가 한 번으로 완벽하게 학생의 성취도를 파악할 수 있다면 좋겠지만, 어떠한 평가방법도 단 한 번의 평가로 학생을 파악하지는 못한다. 만약 교사가 학생에 대해 조금씩 파악한다고 생각이 된다면 그것은 지속적인 관찰과 피드백을 통해 얻은 추론의 결과이다.

피드백은 단순히 자극에 대한 반응이 아니다. 학생의 어떠한 행위나 행동에 대해 교사가 아무런 노력 없이 즉흥적으로 피드백을 한다면 학생들에게 잘 받아들여질까? 아마 그 피드백을 기반으로 둔 행위나 행동이 이뤄지는 것은 쉽지 않을 것이다. 심지어 학생의 단순한 질문에도 적당한 말을 하기 어렵다. 그 대답들은 교육적으로 의미가 있기는커녕 질문을 하는 그 상황을 피하기 위한 정도로밖에 보이지 않았다.

학생 선생님, 몇 개 틀려야 잘한 거예요? 저는 잘한 거죠?

교사 글쎄. 잘했다고 생각해? 네가 그렇게 생각하면 잘한 거지.

학생 이 문제 답이 이거 맞아요? 최대공약수가 1일 수 있어요?

교사 그걸 지금 말이라고 해? 수업시간에는 뭐 들었어?

학생 최소공배수로 통분해야 하는데, 최소공배수는 어떻게 구해요?

교사 수업시간에 했잖아. 이거 이해 못하면 다음에 배울 내용도 당연히 모르게 돼. 그러니깐 잘 봐.

오랜 시간 학생들에게 피드백을 잘 제공해 주지 못했다. 평가의 결과를 중시하던 분위기에서는 무엇이 틀렸는지를 알려 주거나, 상대적인 성취도를 알려 주는 정도에 그쳤다. 학생들이 어려워하는 지점을 찾아 학생이 성장하고 발달할 수 있도록 도와줬다기보다는 이따금 학습에 대한 자신감과 좌절감을 느끼게 했을지도 모른다. 이러한 피드백은 학생들에게 성장을 위한 기회와 발판이 되지 못했다.

학생들이 제대로 된 평가를 받지 못했거나, 혹은 평가활동으로부터 어떠한 피드백도 받지 못한 상황이라면 평가는 학생들에게 어떤 의미가 있을까? 아마 자신의 학습상황에 대해 어떠한 정보도 얻지 못한 상태로 교실에 앉아 있는 꼴이 되어 버린다. 이러한 상황에서 학습시간만 축적된다고 하여 학생들에게 진정한 배움이 일어날까? 이러한 악순환의 고리를 끊는 동력으로 '피드백'을 활용할 필요가 있다.

피드백은 학생들에게 도움이 되는 것일까?

피드백에 대해 고민하는 이유는 앞서 말했다시피 '피드백은 교육적으로 효과가 있다'라는 전제에서 비롯된다. 그런데 교사의 피드백은 학생에게 도움이 될까?

사실 매번 평가를 하면서 드는 생각이다. 학급에서 실시하는 수행평가에 대해 학생과 학부모들에게 사전예고를 한다. 물론 학업성취도나 학습태도의 향상을 위해서 시작한 일이었다. 그런데 이상하게도 평가 전에는 평가에 대한 이런저런 얘기들을 하며 예고를 하는데, 평가 과정이나 평가가 끝난 시점에서는 왜 아무런 안내가 없었을까? 학생의 성장에 더 좋은 효과를 얻을 수 있는 시점이라 생각되는데도 말이다. 이제까지 결과를 제공한 것은 사실이다. 다만 그것은 피드백이 아니다. 단순히 결과를 제공한 것이다.

인기 스포츠 중 하나인 야구에서 팬들이 즐거워하는 순간이 있다. 바로 '홈런'이 나올 때이다. 발사각도와 타구속도 등 모든 것이 '딱' 맞아 떨어졌을 때 공은 담장을 훌쩍 넘어간다. 그런데 이런 짜릿한 장면을 연출하는 '장타자', '거포'라는 수식어를 듣는 선수는 몇몇에 불과하다. 사실 그 선수들의 뒤에는 코칭을 하는 사람들이 있다. 그들은 오랜 경험에 의한 '감'이나 '촉'이 아니라, 선수의 경기 모습을 분석하고 집계된 데이터를 기반으로 기량 향상에 도움이 될 수 있는 자료를 제공하는 전력분석원이다. 선수는 문제가 되는 부분을 데이터로 확인하고, 수정해가면서 자신의 기량 향상에 도움을 받는다. 경기 중에 덕아웃 안에서도, 그리고 경기 시간이 아닌 훈련을 할 때도 말이다.

그렇다면 과연 교사는 학생에게 전력분석원과 같은 역할을 해야 하는 것일까? 교사는 전력분석원 이상의 역할이어야 한다. 학생의 학습상황을 관찰하고 분석하는 과정을 통해 학생이 도움을 필요로 하는 지점을 찾아내고, 숨겨진 재능을 찾아내야 한다. 그리고 학생과의 소통을 통해 분석한 내용을 학생이 쉽게 이해하고 받아들일 수 있도록 가까운 위치에서 도움을 줄 수 있는 역할까지 요구 받는다.

그런데 평가를 하면서 스스로에게 질문을 할 때가 있다. 평가 상황에서 미리 작성한 루브릭에 따라 학습자가 성취한 수준을 평가하는 것이 아니라 '감'과 '경험'에 기반한 다소 주관적인 평가를 하고 있지는 않았는지 말이다. '감'과 '경험'에 의해 평가의 목적들이 조금씩 흐릿해져 가는 것은 아닌지 되돌아보곤 한다.

관찰하고 분석하는 과정은 교사의 '감'과 '촉'이 아닌 '기준'이 반드시 있어야 한다. 하나를 보더라도 정확하게 보기 위해서는 명확한 기준이 있어야 한다. 교사의 개인적인 의견이 많이 반영된 평가를 한다 하더라도 학습의 목표가 변하는 것은 아니다. 교사에 따라 가르치는 소재와 방법은 다르더라도 평가의 타당성과 신뢰성을 확보해야 한다. 평가할 것을 평가해야 하고, 평가를 제대로 해야 한다. 평가 계획을 세우고, 평가 기준을 만드는 이 모든 과정에서 교사의 전문성이 요구된다.

교사가 학생에게 피드백을 주는 것은 쉽지 않다. 피드백을 잘하기 위해서 잘 관찰해야 한다는 말은 단순히 인내심을 가지고 지켜보면 되는 것이 아니다. 학생들의 수행과 그 결과들을 해석하여 활용할 수 있어야 한다. 그 활용의 방안 중 하나가 '피드백'이라고 생각한다.

그래서인지 피드백 순간을 놓치면 뭔가 놓친 것 같은 그런 느낌이 들기도 한다. 오래 생각하고 말하려고 했던 것을 순간 잊어버리는 그런 느낌 말이다.

피드백을 단순한 통찰에서 변화의 시작점으로 만들기 위해서는 정확한 정보를 전달하는 것이 필요하다. 어느 부분이 잘못되었는지 지적해 주고, 오개념이 형성되는 것을 막고, 목표 지점과 현재 상태의 간극을 줄이기 위해서는 수업에서 전략적으로 제공할 수 있는 피드백 계획이 필요하다.

학생들에게는 피드백이 정말 도움이 될까? 피드백을 제공했다고 하여 당장에 눈에 보이는 변화나 도움이 되지는 못할지라도 뭔가 교사가 학생에게 조금의 울림을 줄 것이라 믿는다.

피드백의 부담을 줄일 수 있는 방법은?

교사가 피드백에 부담을 느끼지 않을 수 있을까? 부담을 느끼지 않을 수 없다. 교사教師는 말 그대로 가르치는 일을 업으로 하는 사람이다. 그렇기 때문에 가르친 내용을 학생들이 잘 배웠는지에 대해 확인할 필요가 있다. 그래서 부담스러울 수밖에 없다.

이제껏 가르쳤던 학생들 중에 제대로 확인하지 않고 안내하지 않아서 힘들어하고, 끝내 학습을 포기하게 된 학생들이 있었을 수도 있겠다는 생각을 한 적이 있다. 그런 학생들에게 담임교사는 어떤 사람으로 기억될까? 그래서 가끔은 '교사'라는 단어가 주는 무게감에 무서운 생각이 들 때가 있다.

적절하게 제공된 피드백은 학생들의 노력과 동기를 증가시키는 계기가 되기도 하고, 나아가 현재의 상황과 목표 간의 거리를 좁히는 원동력이 될 수도 있다. 물론 그 반대의 상황이 만들어질 수 있는 가능성도 내포하고 있다.

교사 틀린 단어 3번씩만 써 보자.

교실에서 무심코 던진 이 한마디는 여러 가지 반응으로 돌아왔다. 고학년 담임을 할 때마다 반 아이들에게 각 단원마다 나오는 핵심 어휘들로 영어 단어 시험을 보았다. '쪽지시험'의 형태로 실시하고 오답을 쓴 경우 틀린 단어를 공책에 반복하여 쓰게 하였다. 그 결과 학생들은 시험을 봤던 단어에 대해서 완벽히 숙지하게 되었을까? 그랬다면 좋겠다만, 사실 의도처럼 되지는 않았다.

'틀린 단어 3번씩만 써 보자'라는 교사의 말은 벌을 준다는 의미 정도에 그쳤다. 그 말에는 학생들을 움직이게 할 힘이 없었다. 여러 번 반복을 하고 지속적으로 노출시키고 있음에도 불구하고 왜 이해하거나 습득하지 못하는 것인지 파악하기 위하여 학생 개개인의 상태를 진단하기 시작했다. 그 과정에서 '아차' 하는 생각이 들었다. 5학년 학생이 알파벳을 모를 것이라곤 상상도 못했다. 현재 알파벳의 일부분을 모르고, 읽지 못하고 상태였다. 이대로 방치하는 경우에는 영어 교과에 대한 학습을 할 수 없는 상태가 될 수 있다고 판단했다.

이러한 상황의 학생에게 영어 단어를 외우게 했으니 어떻게 해야 할까? 학생의 현재 상황을 파악하지 않은 교사가 치러야 하는 대가는 생각보다 컸다. 학생에게 학습에 대한 심리적 부담만 안겨 주었다.

학생 선생님, 이것 좀 봐요. 저 잘하지 않았어요?
교사 어, 봤어. 잘했네.

학생의 물음에도 업무에 바빠 고개도 돌리지 않은 채 대답을 했던 적이 있다. 생각해 보면 그렇게 대했던 적이 꽤 많았던 것 같다. 학생들은 선생님이 하는 말과 얼굴 표정을 보고 선생님의 말이 진실인지 아닌지를 분간할 수 있다는 것을 안다. 그때는 왜 그랬을까? 진심어린 말 한마디가 그렇게 힘든 말이 아님에도 불구하고 왜 하지 않았을까? 그 학생에게는 진심어린 한마디가 필요했고, 말 한마디가 큰 울림으로 작용할 수 있었을 것이라 생각해 보면 그저 아쉽다.

한 개인이 성장하는 과정에서 무수한 실수와 실패를 경험한다. 아기가 걷는 행동을 할 수 있을 때까지는 셀 수 없을 만큼 많은 실패와 도전을 한다. 아기가 물건을 짚고 일어서고, 조심스럽게 한발씩 내디뎌 보는 과정에서 주변 사람들은 마음 졸이며 지켜보기도 하고, 응원의 말을 전하기도 한다. 그리고 아기가 손으로 잡고 일어설 수 있는 지지대와 같은 도구들을 적절하게 제공하기도 한다. 아기에게 걸음마를 유도하고 가르치는 부모의 모든 행동들이 수업시간에 학생들에게 피드백을 하는 교사의 행동과 일맥상통하지 않을까? 그래서

인지 늘 조심스럽고 어렵다. 그래서 주변 선생님들의 조언을 듣고, 전문가의 글이나 강의를 찾아 듣고, 인터넷을 뒤져 보게 된다. 교사의 말에 성장하는 것도 보이고, 실망하는 것도 보여서 말이다.

교사이기 때문에 한 명의 학생도 놓치지 않으려는 본능이 있다. 그래서 피드백도 힘들다. 모든 학생에게 다 줘야 할 것만 같아서다. 그런데 모든 학생이 한 시점에 피드백이 필요한 것은 아니다. 교사가 찾아가서 피드백을 줘야 한다는 생각에서 벗어나 피드백을 요청하는 학생에게 피드백을 준다면 어떨까. 그러면 피드백을 주는 것에 대한 부담을 조금은 덜 수 있지 않을까.

피드백이 교사에게 주는 의미는?

피드백은 메시지다. 피드백을 받은 학생이 그 내용을 중요하게 느끼지 않는다면 피드백은 아무 소용없다. 교사가 생각했던 변화는 일어나지 않는다. 피드백과 학생의 행동이 따로 노는 것이다. 교사가 피드백을 제공만 하면 학생이 무조건 받아들일 것이라는 생각은 버려야 한다.

학생 최대공약수는 어떻게 구하는 거예요?
교사 최대공약수를 구하기 전에 약수가 뭔지 설명해 줄 수 있어?
학생 사실 약수가 뭔지 잘 모르겠어요.
교사 약수는 어떤 수를 나누어 떨어지게 하는 수를 그 수의 약수라고 해. 그러면 4의 약수는 무엇일 것 같아?

학생 2요.

교사 더 큰 수는 없을까? 아니면 더 작은 수는?

학생 4?

교사 4를 어떤 수로 나누었을 때 나머지가 없는 경우가 몇 가지 있는데, 그것을 찾아보면 우리가 약수를 구할 수 있어.

학생 그럼 4가 4의 약수가 되요?

교사 혹시 누가 4가 4의 약수가 되는지 아는지 설명해 볼 수 있는 친구는 없을까?

'피드백을 주다'라는 말에 조금씩 의미를 부여할 수 있게 된 것은 학생들의 수행을 면밀히 관찰하기 시작할 때부터였다. 교사가 모든 것을 다 볼 수 있는 것도 아니고, 잘 알지 못하는 부분은 놓치기도 한다. 교사가 학생을 관찰하여 평가를 하고 조언을 건네는 것 자체가 객관적인 측면에서는 자유로울 수 없다. 교사 자신의 잣대로 현상을 보기 때문이다. 하지만 보다 더 객관적이기 위해 사전에 평가표를 작성한다. 교사의 관찰은 학생들의 수업을 개선하고 학습능력 향상에 도움을 주기 위한 자료수집 과정이다. 수집된 자료에 대한 정보를 전달하기 위하여 교사와 학생은 자연스럽게 소통을 하게 된다. 그렇게 전달된 정보로 학생들은 당장에 주어진 과제를 해결하는 데 도움을 얻기도 하고, 자신들의 학습전략 또는 학습동기유발에 영향을 받기도 한다. 교사가 제공하는 피드백은 교사 자신의 수업에 대해 되짚어 보고 점검해 보는 기회를 제공한다는 점에서 피드백은 의미 있게 다가왔다.

학생들이 피드백을 받아들이지 않는 이유는 무엇일까?

평소 수업시간이나 평가 상황이나 항상 일관되게 아무런 반응이 없는 학생들이 있다. 이들이 시종일관 '안물안궁'의 자세이다. 그 학생들 입장에서는 "안 물어봤고 안 궁금한데, 왜 자꾸 저 선생님은 잔소리를 할까?"라는 생각을 가질 수 있다. 정말 그 학생들의 입장에서는 교사의 지식이나 경험과 관찰내용을 바탕으로 한 피드백이 도움이 되지 않고 그저 잔소리로 들리는 것일까?

피드백은 고정된 형태나 절차가 있는 것이 아니라 교사와 학생 간의 자연스러운 상호작용에서 이루어진다. 언어적 행위뿐만 아니라 표정과 제스처도 피드백으로 볼 수 있다. 이렇게 보면 피드백은 가르치는 행위의 역할도 하면서 동시에 평가의 한 장면이기도 하다.

> **학생** 선생님이 적어 주신 풀이방법대로 한번 따라 해 봤는데, 여기서부터는 이해가 안 가요. 받아 내림이 있는 분수의 뺄셈은 가분수로 고쳐서 계산하는 것이 틀리지 않고 빨리 풀 수 있는 것 같은데요.

가끔 교사의 피드백을 잘 받아들이고 개선해 나가는 학생들을 만날 때도 있다. 그럴 때 보람을 느끼며 진짜 교사로서의 면모를 보였다는 생각을 하다가도 곧 멈칫하게 되는 순간을 만난다. 항상 교실에 한두 명씩은 교사의 어떠한 피드백도 받아들이지 않는 학생이 있다. 피드백을 어떻게 활용해야 할지 모르는 경우는 그나마 다행이다. 학생에 대해 관심을 가지고 좀 더 성장할 수 있도록 학생에게 전달했지만 뭔가 반응이 없다. 그 시점에서부터 지금까지 했던 고민들에 고민을 하나 더 얹어서 고민하기 시작한다. '이렇게 하는 것이 잘 전달될까?', '더 적절한 방법은 없을까?', '이렇게 전하는 것을 불편해하지는 않을까?'. 학생들에게 어떻게 전하면 좋을지 여러 가지를 고민하며 시뮬레이션을 돌려 본다. 최선의 답은 정해지지 않았기에, 최선을 찾기 위한 끊임없는 고민의 시간을 갖는다.

가끔 교사는 학생과의 대화에서 벽에 대고 말하는 기분을 느꼈을지도 모른다. 물론 피드백에 구두로 전하는 것만 있는 것은 아니지만 말이다. 학생들은 처음부터 교사의 조언과 관심이 싫었을까? 학습에는 전혀 관심이 없었을까? 학생들이 교사와 학습에 대한 마음의 문을 닫는 사건이 있었을 것이라고 적지 않은 사람들이 말한다.

사실 이제까지 만난 학생들은 모두 학습에 관심이 많던 학생들이었다. 어느 순간까지는 말이다. 학습부진을 지도하거나 상담을 하면서 대화를 나누다 보니 알게 된 사실이었다. 교실에서 선생님이 자신에게 관심을 갖고 바라보고 있어서 의욕이 생겼던 적이 있다고 했다. 그 학생들도 선생님에게 열심히 공부하는 학생이라고 인정받고 싶었다.

학생 개인에 대한 이해가 부족한 상태에서의 피드백은 아무리 좋은 목적에서 시작했다 할지라도 받아들이는 학생에게는 상대적인 박탈감과 좌절감을 안겨 줄 수도 있다. 교사가 학생의 과제 수행이나 행위에 대해 충분히 이해하거나 수긍하지 못한 채 꾸중과 질책을 했을 때 학생은 마음의 문을 더욱 굳게 닫을 수도 있다.

선생님들로부터 받았던 싸늘하고 냉정한 지적이 침묵으로 이어진 경우도 있을 것이다. 그리고 주변에 있던 친구들로부터 받았던 따가운 시선과 말들이 위축되게 만들었을지도 모른다. 그러한 느낌을 받은 학생들의 마음에 공감한다. 부정적인 느낌을 받았던 학생들은 그 누군가의 관심과 반응에 대해 본능적으로 거부하면서 스스로 마음의 문을 닫았던 것은 아닐까 생각해 봐야 한다. 그 아픈 마음을 어떻게 어루만져 줄 수 있을지, 관계의 공백을 잘 메우는 것이야말로 피드백을 거부하는 학생들에게 적절한 해결방법이 될 때도 있다.

피드백은 타이밍이 중요하다고?

모자라지도 않고 넘치지도 않게, 빠르지도 않고 느리지도 않게 하는 것은 정말 어려운 일이다. 정도에 알맞게 한다는 것이 쉬운 일이라면 얼마나 좋을까. 피드백이 어려운 이유도 '적당히, 적절하게' 하는 것이 잘 안 되기 때문이다. 학생들이 필요로 하는 적당한 시점에 제공하지 못하고, 적절한 방법으로 제공하지 못해서 야심차게 준비한 피드백의 효과가 떨어졌을지도 모른다.

학생 통분할 때 분모의 곱으로 하면 숫자가 너무 커져서 계산하기 힘들어요. 이거 어떻게 풀어요?

교사 그러면 최소공배수로 구해 보는 건 어때?

학생 최소공배수로 구하는 게 편하다기보다는 숫자가 많이 안 커져서 계산하기 좋네요.

교사 또 좋은 점이 있어?

학생 약분을 안 해도 돼요.

교사 다른 좋은 점은 또 없어?

학생 분수의 덧셈과 뺄셈을 할 때 계산하기 편할 것 같아요. 그런데 분모가 다 다르니깐 통분해야 되네요.

교사 못할 것 같아? 배운 내용으로 덧셈과 뺄셈만 하는 건데?

학생 할 수는 있을 것 같은데. 분모가 크면 헷갈리는 것 같아요.

교사들은 학생들에게 평소에, 그리고 힘들어하는 지점을 마주했을 때 그에 대한 반응을 해 주고 있다. 그리고 학생들에게 적절한 피드백을 줬다고 생각했을 때는 교사라는 직업에 뿌듯함을 느낀다. 뭔가 선한 영향력을 준 것 같은 느낌이 들어서 말이다. 그러한 경험이 있는 교사들은 평소에 아이들에게 관심을 갖고 관찰하면서 지낼 것이라고 다짐을 하곤 한다. 하지만 그 다짐은 일이 바쁘다는 이유로 무너지곤 한다.

그럼에도 불구하고 피드백을 놓지 못하는 것은 왜일까? 놓지 못하는 것이 아니라 늘 하고 있기 때문에 잘하고 싶은 고민을 항상 하는 것이다. 학교에 있는 동안 끊임없이 관찰하고, 학생들을 도와주고자 한다. 그것이 학습이든 생활이든 말이다. 그렇기 때문에 교사는 끊임 없이 관찰한다. 그리고 반응을 살펴본다. 학생들이 필요로 하는 그 순간을 놓치지 않으려고 말이다. 그 순간, 그 시점을 놓치면 학생들 의 변화와 성장의 기회가 또다시 늦춰지는 것이다. 적절한 타이밍을 놓치고 넘어가 버리게 되면 충분한 피드백이 제공되지 않은 채 넘어 가 버리기 일쑤다.

피드백을 제공할 때는 제공하는 정보의 정확성을 고려하지 않을 수 없다. 학생들에게 검증이 되지 않은 지식이나 정보를 제공하면 안 되기 때문에 교사의 부단한 노력이 필요하다. 교사가 학생의 오개념 을 수정해 주려다 또 다른 오개념을 형성하게 할지도 모른다. 그리고 교육학적 지식이나 학습에 대한 지식의 부족으로 학생들이 그것을 배우고 습득하는 과정이라는 것을 모르고 섣불리 중간에 개입하게 되면 그 학생의 성장에 오히려 방해가 되는 행동을 하게 된다.

피드백을 제공함에 있어 지식적인 부분을 고려하다 보니 타이밍에 대한 중요성을 언급할 수밖에 없다. 피드백의 타이밍은? 학생의 학습 을 돕는다는 목적을 달성하기 위해서는 피드백은 학습을 마친 후가 아닌 과제를 다시 마주할 수 있는 과정에서 제공되어야 한다. 그리고 수행에 대해 수정하거나 다시 해 볼 수 있기 위해서는 과제나 활동 을 끝낸 시기와 가까울수록 효과적이다.

여전히 잘하고 있는 것인지 모르겠다

학생들에게 제공하는 모든 수업이 의미 없는 수업이 되지 않도록 해야겠다는 책임감을 느낀다. 모든 순간이 교육적으로 의미 있는 시간이 되게끔 고민을 한다. 지금까지 학습과정에서 교사가 피드백을 제공하는 것이 중요하다고 말해왔는데, 이는 학생들이 교사의 피드백을 잘 받아들일 것이라는 전제가 깔려 있다. 즉, 피드백을 주는 입장에서 어떻게 주는지에 대해서만 생각해 왔다. 피드백은 주고받는 것이다. '소통'의 한 장면이다. 피드백은 쌍방향이라는 점을 보면, 피드백을 주는 사람만큼 받는 사람도 중요하다.

피드백이 현재의 학습상황을 보다 질 높은 교육으로 제공해 주는 만병통치약은 아니다. 피드백만으로는 여전히 부족하다. 학생들 스스로가 주체가 되어 학습을 이끌어 나갈 수 있도록 교사가 옆에서 지원해 주는 것으로 교사의 역할은 끝인 것이라 생각하며 책임을 전가해서는 안 된다. 피드백을 제공하는 일이 교사가 학생에게로 학습에 대한 책임을 넘기는 것으로 생각해서는 안 된다.

피드백에 대한 고민은 여전히 진행 중이다. 사실 피드백은 일상적인 수업 장면 중 하나다. 교사에게 피드백은 일상적인 실천이기에 반복적인 실천들이 얼마나 의미가 있는지에 대한 성찰이 필요하다. 피드백을 통해 교사는 학생의 현재 학습 상황을 파악하고, 학생은 부족한 부분을 채워나간다. 피드백이 교육적으로 효과가 있다지만 실제 수업에서는 피드백을 제공할 시간이 부족하다. 배워야 할 내용은 많고 배정된 시수가 부족한 현실에서 피드백이 다시 학습으로 이어지기는 쉽지 않다. 이론과 실제가 괴리되는 지점이다.

교육에 관련한 책들이 쏟아지고, 좋은 교육방법들이 많이 소개되곤 하지만 가끔은 '저게 가능해?'라는 의문이 들 때가 있다. 물론 피드백과 관련된 책들에서도 그런 의문을 지울 수 없다. 교실의 모습은 유동적이다. 연수에서 강사들에게 전해 들은 그들의 노하우도 '과연 이 방법을 내가 사용하면 우리 반에 효과가 있을까'라는 추측만 분분할 뿐 사실 마땅한 답이 보이지 않는다. 책에 적힌 대로, 연수에서 들은 내용대로 교실에서 행했을 때, 매뉴얼대로 실행되었다 해도 원하는 결과가 나오기 힘들다. 교사는 답답할 수밖에 없다. 그럼에도 불구하고 좋은 방안을 찾기 위해 또다시 고민을 한다.

무능력하다는 소리를 들을 수 있지만 여전히 좋은 피드백을 하기 위해 고민하고 있고, 학생들이 피드백을 잘 받아들이도록 하는 방법에 대한 공부도 하고 있다. 그럼에도 변하지 않는 생각은 '피드백은 중요하다'는 것이다. 교사는 피드백을 하는 이유가 무엇이고, 피드백을 받은 학생들에게 기대하는 바가 무엇인지를 잊어서는 안 된다. 말 그대로 피드백을 하는 이유를 캐묻고 따져 봐야 한다. 이에 대한 교사 자신만의 생각이 정리가 되었을 때, 피드백의 방향과 방법에 대해 조금이나마 갈피를 잡을 수 있지 않을까 한다.

고민을 담은 평가, 성장을 품다

평가에 대해 고민하다

학생의 발달과 성장을 돕는 평가는 어떻게 해야 할까? 여러 가지 성취기준을 달성할 수 있는 평가 과제를 설계한 뒤 반복적으로 실시한다면 학생의 발달과 성장을 도울 수 있을 것이다. 교육과정에 제시된 성취기준들을 살펴보면 중복되거나 서로 밀접하게 관련된 내용이 발견된다. 이러한 성취기준들을 하나의 수행 과제로 만들어 평가한다면 중복된 학습과 평가를 줄일 수 있다. 예를 들어 이미지로 자신의 생각을 표현하는 성취기준과 매체를 활용하여 자신의 생각을 발표하는 성취기준은 매체를 통해 자신의 생각을 표현한다는 점이 유사하다. 두 성취기준을 개별적으로 다룬다면 유사한 내용의 학습과 평가를 각각 시행하게 된다. 하지만 교사가 유사하거나 연관된 성취기준을 하나의 과제로 만들어 가르치고 평가한다면 학습시간은 절약하고 평가 과제를 수행할 기회는 늘릴 수 있다. 학생들은 평가 과제를 반복적으로 수행하면서 성취기준에 도달할 수 있을 것이다.

교육과정, 평가 계획

'세상을 바꾸는 광고'라는 주제로 운영한 교육과정을 소개한다. 이 주제는 학생들과 사회 시간에 사회 공동의 문제 해결에 참여하는 시민들의 모습에 대해 공부한 뒤에 결정되었다. 학생들에게 우리도 시민의 일원으로서 다양한 공동 문제 해결에 직접 참여할 수 있다고 설명했더니 매우 놀라워하며 물었다. "정말로 저희가 해도 되나요?"라며 눈을 동그랗게 뜬 학생들의 모습을 보고 진짜로 해 보자고 이야기했다. 다만 코로나19로 인해 사람들을 대면하는 활동은 어려우니 캠페인을 하기로 했다.

그리고 학생들의 요구를 반영한 교육과정을 운영하기 위해 관련된 성취기준을 찾았다.

[6미01-03] 이미지가 나타내는 의미를 찾을 수 있다.

[6미01-04] 이미지를 활용하여 자신의 느낌과 생각을 전달할 수 있다.

[6국05-05] 작품에 대한 이해와 감상을 바탕으로 하여 다른 사람과 적극적으로 소통한다.

광고 만들기와 관련된 성취기준을 교육과정에서 중점적으로 다룰 수 있도록 계획하였다. 미술 교과의 '이미지가 나타내는 의미를 찾을

수 있다'는 광고에 대한 학생들의 이해를 높이기 위해 필요하고, '이미지를 활용하여 자신의 느낌과 생각을 전달할 수 있다'는 학생들이 광고를 기획하는 활동에 있어 가장 중요한 성취기준이라고 판단하였다. 그리고 '작품에 대한 이해와 감상을 바탕으로 하여 다른 사람과 적극적으로 소통한다'는 서로의 작품을 평가하는 활동을 위해 선정하였다.

성취기준을 기초로 하여 교육과정 운영 계획을 세웠다. 교육과정을 계획하는 단계에서는 학생들과 다룰 사회 문제를 구체적으로 설정하지 않았다. 교사가 미리 주제를 구체적으로 계획하면 학생들의 흥미를 끌기 위해 수많은 노력이 필요하지만 교육과정을 운영하며 학생과 의사소통하는 과정에서 드러나는 주제들은 학생들의 관심과 흥미를 자연스럽게 반영할 수 있기 때문이다. 다만 학생들이 주제를 접하는 범위는 자신이 생활하는 공동체에서 우리 사회로 점차 범위를 넓혀가도록 계획하였다.

학생들과 교육과정을 시작하며 이미지로 자신의 생각과 느낌을 나타내는 도구인 광고에 대해 탐색하였다. 그리고 상업적인 목적의 광고, 예술로서의 광고에 대해 알아보고, 광고와 관련된 직업에 대해 탐색하고 알아보았다. 그리고 학생들이 광고에 대해 가지고 있는 지식, 기능, 태도에 대한 진단 활동을 실시하였다. 다음으로는 우리 생활과 관련된 문제를 해결하는 광고를 포스터로 제작해 보았고 마지막으로 다양한 사회 문제를 다루었다. 교육과정을 운영하면서 학생들이 주제에 대한 이해의 폭을 넓힐 수 있도록 다른 교과에서도 연

교육과정계획

주제: 세상을 바꾸는 광고

우리는 살아가면서 다양한 문제와 맞닥뜨리게 됩니다. 개인적으로 해결할 수 있는 문제라면 혼자만 노력하면 되지만, 사회적인 문제는 혼자서 해결할 수 없고 사람들의 협조가 필요합니다. 사람들이 문제 해결에 동참하게 하는 방법은 여러 가지가 있지만 우리는 사람을 설득하는 도구로써 광고를 활용해 보려고 합니다. 이미지를 활용하여 우리 주변의 다양한 문제를 해결하는 광고를 만들어 봅시다.

구분	활동 내용	평가
진단하고 탐색하기	이미지를 활용하는 예술, 광고에 대해 알아보기 다양한 매체를 활용한 광고 다양한 주제의 광고 살펴보기	진단 활동
생활문제 다루기	우리 생활과 관련된 문제를 파악하고 광고 만들기 우리 생활, 우리 학교와 관련된 문제 파악하기 우리 집 또는 학교에서 활용할 수 있는 광고 만들기	평가 1
사회문제 다루기	우리 사회, 우리나라의 다양한 문제를 해결하는 광고 만들기 ♣ 우리나라, 전 세계와 관련된 문제 파악하기 　사회, 국가 문제 해결을 촉구하는 광고 만들기	평가 2

구분	평가 내용	평가 방법
진단 활동	♣ 광고 속 이미지의 의미와 종류 설명하기 ♣ 이미지로 자기의 생각과 느낌 표현하기 ♣ 친구의 작품을 살펴보고 설명하기	관찰
평가 1	♣ 우리 생활 문제의 해결과 관련된 광고 만들기 　친구의 작품 속에 담긴 이미지의 의미를 찾고 설명해 보기 　자신의 작품에 담긴 의미 설명하기	관찰, 상호 평가, 자기 평가, 작품 평가
평가 2	♣ 우리 사회 문제의 해결과 관련된 광고 만들기 　친구의 작품 속에 담긴 이미지의 의미를 찾고 설명해 보기 　자신의 작품에 담긴 의미 설명하기	

관된 내용이 나올 때마다 설명해 주었다. 그리고 한 학기 한 권 읽기 활동, 학교 행사 활동에서도 관련된 내용이 나올 때는 연관지어 설명하였다.

교육과정 운영 계획 수립 후에는 평가에 대한 고민이 따라온다. 가르쳐야 할 교과목마다 수많은 성취기준을 제시하고 있기 때문이다. 이러한 고민을 해결하기 위해 여러 성취기준을 포괄하여 평가할 수 있는 수행 과제를 계획해 보기로 하였다. 학생들은 평가 과제를 반복적으로 수행하며 여러 교과에서 요구하고 있는 성취기준을 달성할 수 있을 것이다. 그리고 학습 내용과 관련된 평가 및 피드백을 받으며 성장하게 될 것이다.

평가와 관련된 활동은 진단 활동, 생활 문제 관련 광고 만들기, 사회 문제 관련 광고 만들기로 구성되었다. 광고와 연관된 과제들이 연속적으로 시행되기 때문에 학생들은 동일한 성취기준에 대한 평가를 여러 번 받을 수 있다. 이 과정에서 제공되는 교사의 충분한 피드백을 통해 학생들은 성취기준을 달성할 수 있을 것이다.

진단하고 탐색하기

학생들의 학습 현황과 능력에 대한 진단 활동이 교육과정을 원활하게 운영하기 위한 기초가 된다. 이전에 학습한 지식에 대한 것은 물론이고, 학습 능력과 신체 조작 능력, 학습에 대한 정의적 영역까지 파악하는 등 학생의 전반적인 학습 능력에 대해 많은 것을 파악할수록 학급의 수준에 적절한 교육과정을 운영하기에 유리하다.

학생들은 교육과정을 이수하기 전에 어떠한 지식과 능력, 태도를 가지고 있어야 할까? 교육과정을 계획할 때 기초가 된 성취기준들은 최종적으로 학생들이 달성해야 할 목표이면서, 동시에 학생들에게 필요한 지식, 기능, 태도를 진단하는 기준이 된다.

진단 활동은 공익광고를 보고 의미에 대해 해석한 뒤에 자신이라면 어떻게 광고를 만들었을지 친구들과 이야기해 보는 활동을 하였다. 우리가 다루어야 할 내용이 사회 문제 해결과 관련이 되어있기 때문에 주로 공익광고를 살펴보았다. 포스터, 동영상 등의 다양한 매체로 된 공익광고를 보고, 광고의 의미를 주제로 이야기 나누었다. 가족 계획, 식량 정책 등 특정 시대의 사회적 배경에 대한 이해가 필요한 광고를 제외하고는 학생들은 어려움 없이 광고의 의미를 이해하고 친구들과 의견을 나눌 수 있었다. 그리고 자신이라면 어떤 형태의 광고를 어떻게 만들 것인지 의견을 잘 이야기할 수 있었다.

진단 활동 결과는 교사에게 학생들과 함께 운영할 교육과정에 필요한 내용을 시사해 준다. 이미 학생들과 광고의 주제와 관련 단원을 학습하였기 때문에 대부분의 내용을 알고 있을 것이라 전제하고 교육과정을 계획하였지만 일부 학생들은 배경 지식이 부족하여 추가적인 설명이 필요하였다. 그리고 광고를 평소에 많이 접하고 있어 광고의 주제를 정하는 데 어려움은 없었지만 자신이 구체적으로 기획하여 작품을 만들어 본 경험은 적었다. 그래서 어떻게 광고를 구성해야 하는지 미술 교과서에 제시된 내용을 통해 학습하는 시간을 가졌다.

우리 생활과 관련된 광고 만들기

학생들이 낯선 학습 주제를 접할 때 기존에 만들어진 예시를 살펴보는 것은 효과적이다. 교과서에서 제시된 작품과 인터넷에 게시된 다양한 광고를 알아보고 이미지로 생각을 전달하는 예를 학생들과 함께 살펴보았다. 그리고 학생들은 우리가 광고로 만들어 볼 만한 아이디어를 찾기 위해 회의를 했다. 학생들은 우리 학급 규칙 또는 학교 규칙을 주제로 광고를 만들자고 의견을 제시하였다.

학교에서 지켜야 할 규칙 중에서 자신이 광고로 만들고 싶은 것을 선택하고 광고로 제작하였다. 하지만 학생들이 배운 내용을 바로 실천할 수는 없었다. 모두 아름다운 광고를 작품으로 만들고 싶었지만 자신이 상상한 대로 구성하기 어려워지자 싫증을 내는 학생들이 생겨났다. 미술에 흥미가 있어 그림을 즐겨 그리는 학생이 있는 반면에 그림 그리는 시간이 괴로운 학생도 있기 때문이다.

광고 제작 활동이 산만해지고 학생들의 집중도가 떨어지기 시작하였다. 여기에서 잠시 활동을 멈추고 학생들에게 우리가 중점적으로 생각하고 활동해야 할 학습 목표와 평가 기준, 즉 이미지로 자신의 생각을 나타내는 것이 가장 중요하다고 강조해 줄 필요가 있다고 판단되어 학생들 전체와 대화를 시작했다.

교사 우리가 광고를 만드는 이유는 무엇일까?
학생 메시지를 전달하기 위해서요.

교사 그럼 그림을 잘 그리는 것이 중요한 것일까? 아니면 그림이 내용을 잘 전달하는 것이 중요한 것일까?

학생 내용을 잘 전달하는 게 더 중요한 것 같아요. 그런데 그림도 잘 그려야 되는 거 아닐까요?

교사 물론 그림을 잘 그리면 더 좋겠지만 우리는 이제 광고를 만들기 시작했어. 처음부터 완성도가 높은 광고를 만들기는 어렵지. 그러니까 중요한 것부터 해결해 보자. 우리는 그림을 잘 그려서 예쁜 광고를 만드는 것보다 자신의 생각과 느낌을 전달하기 위해서 광고를 만들고 있어. 그러니까 내용이 더 잘 전달되는 광고를 만들기 위해서 고민해 보자.

교사 내용이 잘 전달되게 하려면 어떻게 그려야 할까? 내용이 잘 전달되게 그린다는 것은 말로 설명하면 어렵지만 사실 포인트를 잘 잡아 주면 돼. 주제가 잘 드러나게 그리는 거야. 주제가 잘 드러나려면 강조하는 내용이 눈에 잘 띄게 계획하고 그려야겠지?

학생에게 피드백을 제공할 때 학습 주제에 대해서만 재안내한다면 학생들에게 다소 추상적으로 느껴질 수 있다. 그래서 주제가 잘 드러난 그림을 말로만 설명하는 것보다 다양한 예시를 인터넷에서 찾아 보여 주었더니 학생들이 더 잘 이해했다. 이처럼 교사가 학생에게 적절한 도움을 주면 학생은 수월하게 문제를 해결할 수 있다.

교사의 평가 의견을 통해 학생들은 자신이 만든 광고에 어떤 요소가 포함되어야 하는지, 어떠한 점이 중요하게 생각되고 평가받게 될 것인지를 더욱 잘 이해하였다. 학생들의 광고 만들기 계획은 더 구체화될 수 있었고 작품을 만드는 속도도 빨라졌으며 완성도가 높아졌다. 여기에서 처음보다 완성도가 높다고 평가할 수 있었던 것은 학생들이 전달하고자 하는 생각이 포스터 속에서 더 강조되고 명확해졌기 때문이다.

학생들이 광고를 완성한 뒤에는 이미지를 활용하여 자신의 느낌과 생각을 잘 표현했는가에 중점을 두고 평가했다. 광고 속 이미지와 의미를 찾아 설명할 수 있는지, 자신의 생각과 느낌이 잘 담긴 작품을 만들었는지, 서로 작품에 대해 의사소통할 수 있는지 평가하기 위해 상호 평가를 실시하였다. 상호 평가 뒤에는 학생들이 개별로 자신의 작품의 주제와 표현 방법을 설명해 보았다.

학생들이 우선 자신의 작품을 올려놓으면 어떤 생각을 전달하기 위한 광고인지 친구들이 추측해 보고 그것을 전달하기 위해 작품을 어떻게 만들었는지 평가했다. 자기 평가보다 상호 평가를 먼저 실시한 이유는 타인의 시선에서 작품을 평가받을 때 자신의 생각이 잘 전달되었는지 평가받을 수 있기 때문이다. 상호 평가는 발표자가 교실 앞에 작품을 들고 나가 있으면 친구들이 발표자의 제작 의도를 알아내는 퀴즈 형식으로 진행되었다. 모두 매우 즐거워했지만 퀴즈를 통해 친구들이 작품의 내용을 잘 알아내지 못할 수록 광고에 담긴 학생의 생각이 전달되지 못한 것이기 때문에 내심 안타까웠다.

상호 평가에 이어서 자기 평가를 하였다. 광고를 통해 어떠한 생각

학생들의 광고 계획 비교	
피드백 제공 전	**세상을 바꾸는 광고** 우리 주변에는 다양한 문제가 있고 여러 가지 방법으로 그 문제를 해결할 수 있습니다. 특히 광고는 이미지를 통해 우리의 생각을 전달하여 사람들이 문제에 대해 공감하게 만들어주는 효과적인 수단입니다. 우리가 일상 생활에서 접하는 문제가 무엇인지 생각해보고 해결 방법을 고민해본 뒤 문제 해결을 위한 광고 포스터를 계획하고 만들어 봅시다.
교사의 피드백	♣ 그림의 완성도보다 이미지를 통해 자신의 느낌과 생각을 잘 전달하는 것이 우선이다. ♣ 너무 많은 내용을 전달하려고 하면 주제가 강조되기 어려우니 한 가지 규칙을 강조해 보자.
피드백 제공 후	**세상을 바꾸는 광고** 우리 주변에는 다양한 문제가 있고 여러 가지 방법으로 그 문제를 해결할 수 있습니다. 특히 광고는 이미지를 통해 우리의 생각을 전달하여 사람들이 문제에 대해 공감하게 만들어주는 효과적인 수단입니다. 우리가 일상 생활에서 접하는 문제가 무엇인지 생각해보고 해결 방법을 고민해본 뒤 문제 해결을 위한 광고 포스터를 계획하고 만들어 봅시다.

을 표현하고자 했는지, 의도는 잘 드러났는지 스스로 평가해 보았다. 만약 친구들이 광고의 의미를 이해하지 못했다면 작품에 어떤 변화를 주면 좋을지 고민하고 이야기해 보게 하였다.

이러한 학생들의 평가 과정을 지켜보면서 교사는 여러 학생들의 평가를 통해 다양한 의견을 얻을 수 있고, 자기 평가를 통해 학생이 어떤 의도를 갖고 광고를 만들었는지 청취할 수 있다. 그리고 학생들은 평가 과정에서 작품을 제작하는 것에 그치지 않고 작품을 평가하고 개선하는 능력도 기를 수 있다.

우리 사회, 세계와 관련된 광고 만들기

이번 주제에서는 다루는 내용의 범위를 확장하여 우리 사회의 문제를 다루었다. 주로 다루어진 주제는 중독(흡연, 음주, 마약 등), 인권, 환경 문제 등이다. 배경 지식에 관련된 내용은 국어나 사회 교과, 한 학기 한 권 읽기 등에서 이미 한 번씩 다루었기 때문에 광고를 만들기 전에 다시 한번 자료를 살펴보고 자신이 원하는 주제를 선택하여 광고로 기획해 보았다.

대부분의 학생들은 여러 가지 주제 중 중독 예방, 친환경 농업을 주제로 공익광고를 만들기로 했다. 중독이 학생들에게 더 가까운 주제로 느껴진 것은 주변에서 쉽게 접할 수 있는 어른들의 행동이었기 때문이다. 그리고 친환경 농업을 주제로 선택한 학생들에게 이유를 묻자 이전에 보았던 환경 오염에 대한 다큐멘터리가 인상적이었기 때문이라고 대답했다.

　학생들이 원하는 주제로 포스터를 제작하기 시작했다. 그런데 너무 많은 정보를 알고 있는 것이 문제가 되었다. 학생들이 알고 있는 내용을 최대한 많이 담으려고 하여 작품이 매우 산만해진 것이다. 우리가 포스터를 만드는 목적을 다시 상기시켜 주면 이 문제가 해결될 수 있다고 판단되었다.

교사　지금 우리가 만드는 광고는 정보를 설명하는 것이 목적일까? 설득하는 것이 목적일까?

　질문이 어려워서인지 대답하는 학생이 거의 없었다. 질문을 다시 쉽게 만들어 다시 말해 보았다.

교사　지금 우리가 만드는 광고가 글이라면, 설명하는 글을 쓰는 걸까? 주장하는 글을 쓰는 걸까?
학생　주장하는 글이요.

　별로 자신감 없는 반응이었지만 대화를 이어 나갔다.

교사　맞아. 우리는 포스터에 자신의 주장을 담는 거야. 우리 교실에 붙어 있는 손 씻기 안내 포스터라면 필요한 정보를 절차에 맞게 설명하는 게 맞지만, 우리가 만드는 포스터처럼 주장을 담은 작품에는 주장이 여러 개 들어가 있으면 무엇을 이야기하고 싶은지 이해하기 어려워져. 자신이 주장하는 걸 최대한 강조해서 작품을 만들어 보자.

피드백 이후, 학생들은 자신의 작품에 담겨 있는 많은 정보 중 필요한 것만 남기고 덜어 낸 뒤 포스터를 만드는 일에 전념했다.

학생들이 작품을 완성한 후에는 이전에 시행했던 것과 동일하게 상호 평가와 자기 평가의 과정을 거쳤다. 반복적으로 이루어지는 평가 과정을 통해 학생들은 광고의 의미 이해하기, 이미지로 자신의 생각 표현하기, 서로의 작품에 대해 의견을 나누기에 능숙해질 것이기 때문이다.

평가 되돌아보기

학생들의 발달과 성장을 돕는 교육과정 운영과 평가를 하려고 시도해 보았다. 평가 과제를 수행하면서 학생들의 배움이 깊어질 것이라고 가정하였는데 학생들이 성장했는지 어떻게 판단할 수 있을까? 교육과정을 설계할 때 근거가 되었던 성취기준들이 학생들의 지식, 기능, 태도 등을 판단하는 근거가 된다. 진단 활동과 두 번의 평가 과제를 수행하는 동안 학생들은 다양한 광고를 접하며 이미지의 의미를 이해하고, 작품에 대해 소통할 수 있었다. 가장 큰 변화가 나타난 모습은 학생들이 이미지를 통해 자신의 생각을 명확히 전달할 수 있었다는 것이다. 학생들은 평가 과제를 수행하면서 자신의 생각을 효과적으로 전달하기 위한 작품 구성이 무엇인지 고민하고 이를 작품에 반영할 수 있게 되었다.

평가 방법에 대한 다양한 이론보다 중요한 것은 실천과 반성이다. 아무리 좋은 이론을 알고 있더라도 실천하지 않으면 소용이 없다. 여러 성취기준을 달성하기 위한 평가 과제로 학생의 발달과 성장을 도울 수 있었던 것도 실천했기 때문에 효과를 볼 수 있었다. 학생들이 평가 과제를 수행하며 자신의 능력을 키울 수 있었듯이, 교사도 다양한 평가 방법에 대해 성찰하고 실천하면서 평가 전문성을 신장시킬 수 있을 것이다.

학생의 일상에서 평가 장면 찾기

고단한 수업과 평가

고학년을 맡아서 교과 수업을 할 때 제일 부담스러운 것은 가르쳐야 할 내용이 너무 많다는 점이다. 분명 교과서는 계속 얇아지고 있는데 실제 수업을 하다 보면 한 차시 분량의 내용을 40분 안에 소화하기가 쉽지 않다는 생각이 든다. 특히 5~6학년 사회과의 역사 단원이 그렇다. 교과서에는 수십 년 동안 일어난 사건이 두세 줄로 너무 함축적으로 제시되어 있다. 학생들은 그 내용을 잘 이해하기 힘들고 교사들은 그 행간에 함축된 역사적 사실과 가치를 전달하고 이해시키기 위하여 더 많이 준비해야만 한다.

가르쳐야 할 내용은 많고 한정된 수업 차시에서 학생들이 경험해 보지 못한 과거의 이야기를 지식 전달식으로 한다면 교사 혼자 영상을 찍듯이 수업하게 되고 '무엇을 가르쳤나? 아이들은 무엇을 배웠나?' 하는 회의감이 들기도 한다. 교사도 학생도 경험하지 못한 과거와 현재의 접점을 찾기 위해 수업을 어떻게 해야 할까 고민한 시점이기도 하다. 또한 6학년 사회과에는 정치, 경제, 세계 문화 등 다양한 주제들이 등장한다. 어떻게 하면 가르쳐야 할 내용을 잘 다루면서 학생 참여형 수업을 만들 수 있을지 고민이다. 가르치는 것도 부담인데 동시에 평가도 해야 하니 더욱 힘들다.

그래도 교사는 학생들을 평가해야 한다. 예전에는 단원 평가를 지필 형식으로 치르고 그 결과를 수치화해서 보는 것을 당연하게 여겼다. 요즘은 평가를 바라보는 관점이 변화하면서 수업의 모습도 달라졌다. 학생들의 활동 시간을 늘리고 직접 체험하면서 배우고 학교 안팎으로 배움의 장이 넓어졌다. 그렇지만 평가의 모습은 생각만큼 크게 변화하지 못했다. 학생들이 활동을 끝내고 나서 배워야 할 것을 잘 배웠는지 확인하는 시간을 갖기 위해 별도의 활동지를 마련하기도 한다. 학생들이 즐겁게 수업에 참여하고 무언가 결과물을 만들어내고 있지만 뭔가 빠진 것 같다. 학생들의 삶과 연계한 수업, 의미 있는 평가를 하려면 무엇을 채워야 할까. 이 고민을 해결하고자 사회과를 중심으로 수업과 평가를 실천해 보았다.

관심을 끄는 평가 장면 만들기

민주주의 발전 과정을 다루는 단원이라 먼저 민주화 운동의 과정을 시간 순서대로 배우는 과정으로 수업을 하게 된다. 수업 시기가 3~4월이고 매년 학교에서 이루어지는 5·18 민주화 운동 계기 교육은 5월에 실시하게 된다. 계기 교육과 시기를 맞추기 위하여 학년 초에 미리 교과 단원의 순서를 바꾸어 진행하는 것도 가능하다. 그렇지만 교과서의 흐름대로 진행하는 것이 5학년 2학기에 배운 역사 주제가 6학년 1학기로 이어지는 면에서 연결이 자연스럽기에 그대로 진행했다.

〈성취기준〉

[6사05-01] 4·19 혁명, 5·18 민주화 운동, 6월 민주항쟁 등을 통해 민주주의가 발전해 온 과정을 파악한다.

성취기준에 도달하기 위해서는 민주화 운동의 시기별 흐름을 아는 것과 학생들이 민주시민으로서의 역량을 갖추는 것이 중요함을 알 수가 있었다. 구체적인 평가 장면을 세우기 전에 교사용 지도서를 참고하여 평가과제를 '민주주의가 발전해 온 과정을 통해 시민들의 노력을 파악하고 민주시민으로서 비판 의식을 기르기'라고 정해 두고 수업을 시작했다.

　민주화 운동 과정을 파악하는 수업을 준비할 때 지도서의 참고 자료와 함께 여러 가지 역사 관련 자료를 찾고 이해할 시간이 필요하다. 역사 관련 유튜브 영상, 학생들과 함께 읽을만한 그림책이나 동화, '5·18 민주화운동기록관(www.518archives.go.kr)' 등을 참고하면서 학생들의 이해를 돕기 위한 자료 확보에 시간을 투자했다. 자료를 검색하던 중 3월 말에 '어린이 시 노래가 되다'라는 행사를 알게 되었다.

'어린이 시, 노래가 되다' 행사는 올해 처음으로 진행되는 행사가 아니라 벌써 3년째 진행되고 있는 온-오프라인 행사였다.[3] 5·18 관련 수업이나 계기 교육으로 알게 되거나 느낀 점을 시로 표현하여 응모하면 어린이들의 시를 모아 노래로 만들고 뮤직비디오와 함께 공개하는 행사였다. '민주주의가 발전해 온 과정을 통해 시민들의 노력을 파악하고 민주시민으로서 비판 의식을 기르기'라는 평가과제를 '5·18 시민들의 민주화 항쟁 모습을 살펴보고 시민들의 마음을 짐작하는 시 쓰기'로 정하고 행사에도 응모했다. 참여하는 모든 학생에게 선물이 제공되기에 학생들의 호응도가 높았다.

교과서에서 5·18 민주화 운동에 대해 얼마나 다루고 있을까? 단 1차시이다. 40분 동안 5·18 민주화 운동의 과정과 의미를 알아보아야 한다. 교사의 경험상 학생들은 민주화 과정을 알아보는 것만 해도 시간이 부족하다. 운영 시간을 확보하기 위해 국어과 '비유하는 표현'을 배우는 단원과 연계하여 수업 계획을 세웠다.

하지만 5·18 민주화 운동의 과정을 배우고 시를 쓰는 활동을 함께하는 것은 더 많은 시간이 필요했다. 국어과에서 비유하는 표현을

----

3. 광주실천교육교사모임, 전교조 광주지부, 광주교사노동조합 주관. 광주실천교육교사모임은 오일팔닷컴, 팔일오닷컴, 함성1919 등을 통해 학생들에게 올바른 역사의식과 민주시민 의식 함양 활동 등을 펼쳐 오고 있다.

활용하여 시를 쓰는 활동에서도 학생들의 이해 수준이 달랐기 때문이다. 그래서 학생들이 쓴 시의 형식과 내용에 관해 이야기를 듣고 함께 이야기를 나누었다. 그리고 개개인이 쓴 시를 수정하도록 개별 피드백을 해 주었다.

○○학생은 안타까운 감정을 표현하거나 비슷한 상황에 내가 처했을 때 어떤 마음이 들지 자연스럽게 발표하는 등 공감하는 말하기를 어렵지 않게 할 수 있었다. 반면 감정적인 면이 강조되어 구체적인 장면이 드러나지 않았다. 여러 번 질문을 하며 보충할 부분을 알려 주니 처음의 결과물보다 구체적인 부분이 드러나게 바꾸어 쓸 수 있었다.

△△학생은 수업 중에는 알게 된 것이나 느낀 점을 적극적으로 표현하였으나 막상 시 쓰기를 어떻게 해야 할지 머뭇거리는 모습을 보였다. △△학생에게는 시의 형식을 강조하기보다는 5·18 민주화 운동이 우리에게 준 영향이 무엇인지로 접근하면서 '만약에 이런 일이 일어나지 않았다면?'이라는 질문으로 생각을 끌어내 보았다. '우리는 어떤 마음을 가져야 할까?' 등 본인의 생각을 끌어낼 수 있는 질문을 계속 나누었다.

전체 학생들에게는 전년도에 참가했던 학생들의 시를 참고 작품으로 보여 주면서 피드백을 하였다. 나와 비슷하게 생각했거나 시를 읽는 대상이 같은 작품을 찾아서 읽어 보고 나의 시와 비교하면서 수정하도록 했다. 학생들은 교사와 1:1로 수정하는 과정을 반복하면서 본인의 작품을 만들 수 있었다.

그들을 위해

○○

새벽부터 들리는 비명 소리
하나둘씩 사라지네
명예로운 죽음으로…
그들이야말로
진정한 대한민국의 영웅
우리는 그들을 위해 추모를
그들을 위해 기도를
그들을 위해 작은 것부터
차근차근 해내는 우리

5·18

△△

광주시민들!
지금 우리나라가 옛날보다 더 좋은
나라가 되게 해 주셔서 감사합니다.
그동안 군인들과 맞서 싸우신다고
고생하셨어요
지금은 옛날보다 많이 발전이 된
나라로 성장했어요
광주시민들
정말 감사합니다.
이제 편히 쉬세요

학생들이 쓴 시를 응모하고 난 후 학생들은 "결과가 언제 나와
요?", "우리 작품도 실릴까요?" 하며 기대하는 모습을 보였다. 처음에
는 선물을 받을 수 있다는 기대감이었는데 어느새 우리의 시가 노래
로 되지 않을까 하는 상상의 나래를 펼치고 있었다. 교사는 평가 장
면을 의도한 것인데 정작 학생들은 평가라고만 생각하지 않는 것 같
았다. 결과는 어땠을까? 작품이 노래로 만들어지지는 않았지만, 선물
로 받은 풍성한 간식과 기념품도 받고 서로 칭찬을 나누며 첫 번째
주제를 마무리했다.

학생들이 몰입하는 평가 장면 만들기

<성취기준>
[6사05-02] 광복 이후 시민의 정치 참여 활동이 확대되는 과정을 중심으로 오늘날 우리 사회의 발전상을 살펴본다.

2021년 3월부터 언론에서는 미얀마 사태가 심각함을 연일 보도하고 있었다. 사회과에서 배우고 있는 내용과 비슷한 사례가 현재형으로 진행되고 있다고 생각했다. 또한 지금 일어나는 여러 가지 생생한 모습들을 우리 반의 수업과 연결 지을 수 있으면 좋겠다는 생각이 들었다. 한편으로는 뉴스나 영상 속에서의 자극적인 장면들만 기억에 남으면 어쩌나 하는 고민도 되었다. 교실에서는 연일 방송되는 미얀마 사태 관련 뉴스를 접한 친구들이 자연스럽게 수업시간에 자신들이 봤던 뉴스 내용을 대화 주제로 올리기 시작했다.

사회 시간에 배우는 5·18 민주화 항쟁은 과거에 일어난 경험이라 수업 자료가 과거 인터뷰 영상이나 만나게 되는 내용이지만 미얀마 사태는 어떤 일이 벌어지고 있는지 쉽게 알 수 있고 이미 객관적인 분석자료도 많은 편이었다. 학생들이 하루하루 변화하는 미얀마의 상황을 보면서 일부는 충격을 받기도 하고 화를 내기도 하면서 조금 이해가 빠른 학생들은 우리나라의 민주화 항쟁 과정과 공통점이 있다고 표현하기도 했다. 그래서 학생들이 공감하기에 적절한 상황이라는 생각이 들었다.

지금의 미얀마 사태와 5·18 민주화 운동의 공통점과 차이점은 무엇일까?

　　우리나라도 지금처럼 인터넷이 있었다면 5·18 민주화 운동의 결과가 어땠을까?

　　지금 미얀마 사람들의 마음은 어떨까?

　　우리에게 하고 싶은 말은 없을까?

　　학생들은 미얀마 사태에 대해 다양한 질문을 나누며 '민주화 과정'이라는 짧은 단어에 포함된 여러 의미를 생각해 보는 시간을 가졌다. 교사가 예상한 대로 학생들은 우리나라의 민주화 과정과 미얀마 사태의 공통점이 많다고 생각하고 있었다. 교사는 감정적으로 치우치지 않도록 분위기를 조정하거나 정확하지 않은 정보를 확인해 주는 역할을 했다. 학생들이 의견을 나누는 과정을 통해 단순한 지식의 암기보다 수업 중에 배우고 느낀 것을 담아낼 수 있는 평가 방법은 무엇인지, 학생들의 말과 행동을 통해서 배운 내용을 잘 드러낼 수 있는 평가 장면은 무엇인지 구체적으로 떠올릴 수 있었다. 지도서의 단원별 참고 자료에는 '친구에게 대한민국의 민주화 과정을 설명하는 편지 쓰기'가 주제 마무리의 과정 평가 장면으로 제시되어 있다. 우리가 민주주의 과정을 배우는 궁극적인 이유는 민주시민으로서의 역량을 기르고 민주주의 정신을 실제 삶 속에서 실천하는 태도를 기르는 것이다. 따라서 비슷한 어려움을 겪으며 동시대를 살아가는 또래의 친구들에게 우리나라 사람들의 경험과 응원하는 마음을 담아 전하는 시간을 갖는 것이 적절하다고 생각했다. '미얀마의 학생들에게 우리나라가 먼저 겪었던 민주주의 과정을 알려주고 응원하는 마음을 담아 편지 쓰기'로 수행 과제를 정했다.

과제를 해결하는 동안 학생들은 집중도가 높았고 굉장히 열심히 편지를 썼다. 수업시간에 배웠던 주요 용어들이 〈보기〉의 형태로 제시되어 있어서 외워서 쓰는 부담이 없고 교사 역시 학생이 고른 단어를 살펴보고 민주화 과정을 어느 정도 이해하고 있는지 파악할 수 있었다. 아래는 평가 문항과 학생의 글을 일부 옮긴 것이다.

〈평가 문항〉

1) 〈보기〉의 단어들 중 세 가지 이상을 활용해 우리나라 민주주의 발전과정을 소개하고
2) 미얀마의 친구들의 상황을 이해하고 공감하는 내용을 담아 편지를 써 봅시다.

미얀마의 친구들에게

안녕, 나는 영월에 살고 있는 ◆◆이야. 뉴스에 계속 미얀마가 나오니까 옛날에 우리나라랑 비슷해. ─ 중략 ─ 군인들이 무력으로 때리고 죽이는 게 너무 안 좋아 보였어. 주민들이 다 같이 모여서 시민단체를 만들어 보는 것은 어떨까? ─ 중략 ─ 꼭 5·18 민주화 운동처럼 꼭 성공하길 바랄게. 여러 희생자를 꼭 기억할게.

안녕. 난 대한민국에 사는 ★★이라고 해. 우리도 옛날에 너네 나라처럼 시위를 벌인 적이 있어. 그중에 1960년에 일어난 4·19 혁명이라고 있어. ─ 중략 ─ 나라면 집에 혼자 앉아서 총소리만 듣고 있을 건데 너네들은 참 용감하네. 너희들도 많이 힘들지. 하지만 포기하지 않고 시위하는 모습 완전 슈퍼 히어로 같아. ─ 후략 ─

미얀마 친구들을 응원하는 말을 적을 때 단순하게 감정적인 표현을 하기보다는 우리가 수업시간에 배운 용어나 개념을 활용하는 부분이 눈에 띄었다. 민주화 운동이 일어난 원인에 대해서 쓰거나 시민단체 조직을 제안하는 문장을 쓴 부분은 평가 장면을 설계할 때 교사가 기대했던 부분이 잘 나타났다. 또 평소 글쓰기를 지도할 때보다 머뭇거리거나 어려워하는 학생이 거의 없었다. 문장을 쓰는 데에는 학생별 개인차는 있었지만 편지의 내용과 학생들의 태도에서 대부분 미얀마의 친구들을 응원하는 내용을 잘 담아 내었고 진심을 담아 썼다는 것이 느껴졌다. 단순히 민주화 과정을 설명하는 글을 썼다면 지식을 요구하는 내용은 평가할 수 있지만 사회과에서 요구하는 '민주시민으로서의 태도'는 확인하기 힘들었을 것이다.

실천을 끌어내는 평가 장면 만들기

사회 2단원 두 번째 소주제는 '일상생활과 민주주의'로 민주주의의 의미와 중요성, 민주적 의사결정의 원리를 일상생활 차원에서 학습함으로써 우리 생활과 민주주의의 관련성을 탐색하는 데 주안점을 둔다(사회과 지도서 90쪽). 성취기준은 다음과 같다.

〈성취기준〉

[6사05-04] 민주적 의사결정 원리(다수결, 대화와 타협, 소수 의견 존중 등)의 의미와 필요성을 이해하고, 이를 실제 생활 속에서 실천하는 자세를 지닌다.

해당 성취기준이 의미하는 것은 학습한 민주주의의 의미와 필요성에 대한 이해를 바탕으로 하여 다수결, 대화와 타협, 소수 의견 존중 등 민주적 가치나 원리를 내면화하고, 이를 일상생활에 적용하여 실천하는 자세를 함양하도록 하는 것이다. 학생들이 이해한 바를 바탕으로 실천하는 것이 중요하다고 여겨졌다.

이 단원의 평가를 고민할 때 '과연 학생들이 문제 해결에 얼마나 관심이 있을까?'라는 생각이 들었다. 의미 있고 배워야 할 지식이라도 배우는 사람이 몰입할 만한 관심과 흥미가 없다면 살아있는 배움이 일어나지 못한다. 이 단원에서 제시한 성취기준에서도 실천하는 자세를 강조하고 있다. 학생들이 민주적 의사결정을 잘 이해했는지 살펴볼 수 있는 적절한 상황을 제시하는 것이 중요하다고 생각했다. 그리고 민주적 의사결정을 할 수 있을 만한 상황으로는 학생 자치회를 자연스럽게 떠올렸다. 학교 규모가 작아서 4~6학년 전체가 모이는 학생 자치회를 꾸려 나가고 있는데 학생 자치회의 안건이 모두가 진지하게 고민할 수 있는 것이라면 민주적 의사결정 방법도 잘 활용할 수 있을 것 같았다. 그래서 수행 과제를 '우리 학교에서 불편한 문제 상황들을 찾아보고 학생 자치회에서 문제 해결 방법을 찾아보고 실천하기'로 정했다.

먼저 교과서 내용을 살펴보았다. 교과서에는 2차시 정도를 할애해서 일상 속 문제를 해결하는 과정을 제시하고 있다. 교과서의 예시자료는 종종 우리 학교의 상황에 전혀 어울리지 않고 학생들의 경험과도 거리가 멀다. 교과서에 제시된 문제는 '운동장을 사용하는 문제'인데 규모가 작은 학교에서는 이런 문제가 일어날 가능성이 매우 낮기 때문이다. 그래서 학생들에게 평소 해결하고 싶은 문제를 직접 물어 보기로 했다. 보통 학생들에게 "우리 학교에서 여러분이 해결하고 싶은 문제는 무엇인가요?"라고 물어보면 "잘 모르겠어요"가 대부분이다. 그래서 '내가 학교생활에서 불편한 상황'을 먼저 말해 보기로 했다.

교사 여러분이 학교생활을 하면서 불편한 상황을 한번 말해 볼까요?

잠깐 고민하는 시간을 가진 뒤 자연스럽게 나온 의견들을 칠판에 적어 보았다. 학생들의 의견은 다음과 같았다.

- ♣ 놀이터에 땅벌이 나타나는 문제
- ♣ 에듀버스 의자나 바닥에 쓰레기가 많음
- ♣ 옆 반의 소리가 잘 들림
- ♣ 골프장에 송충이가 많음
- ♣ 급식 먹을 때 칸막이가 더 있으면 좋겠음
- ♣ 도서관까지 종소리가 들리면 좋겠음.
- ♣ 에듀버스에서 큰 소리로 말하거나 욕을 하는 경우

학생들은 그동안 겪었던 여러 가지 상황들을 말하기 시작했다. 발표 내용을 살펴보니 학교 상황을 고려하여 문제들을 분류할 수 있을 것 같아서 다음과 같이 나누어 보았다.(92쪽 표 참조)

이렇게 분류해 보니 학생들과 이야기를 나눌 만한 문제가 눈에 보였다. 우리 학교는 전체 학생이 에듀버스를 타고 등하교를 하는데 인

바로 해결할 수 있는 것	천천히 해결할 수 있는 것	해결하기 힘든 것
도서관까지 종소리가 들리면 좋겠음	♣ 에듀버스 의자나 바닥에 쓰레기가 많음 ♣ 에듀버스에서 큰 소리로 말하거나 욕을 하는 경우 ♣ 급식 먹을 때 칸막이가 더 있으면 좋겠음	♣ 놀이터에 땅벌이 나타나는 것 ♣ 옆 반의 소리가 잘 들림 ♣ 골프장에 송충이가 많음

근 중학교 학생들과 함께 타다 보니 버스 안에서 학생들이 겪는 반복적인 문제 상황들이 있다는 것을 알게 되었다.

우리가 해결하고자 하는 문제를 설정하고 나니 해결 방법을 어떻게 정할 것인지도 자연스럽게 이어갈 수 있었다. 학급 내에서 진행해도 무리가 없지만 학생들이 문제 해결 과정에 좀 더 진지하게 참여를 하면 좋겠다는 생각이 들어서 학생 자치회에서 이야기를 나누어 보았다. 에듀버스를 함께 타는 친구들이 많을수록 문제 해결에도 도움이 될 거라고 생각했다. 학생들이 발표한 해결 방법은 다음과 같았다.

1) 에듀버스 의자나 바닥에 쓰레기 문제 ♣ 자리마다 쓰레기통 설치 ♣ 쓰레기통 줍는 시간 갖기 ♣ 쓰레기를 버리지 않도록 노력하기	2) 에듀버스에서 큰 소리로 말하거나 욕을 하는 경우 ♣ 데시벨 기기 설치 ♣ 떠든 사람끼리 자리를 떨어뜨리기 ♣ 벌점 매기고 벌칙 주기

교사는 학생 자치회가 진행되는 동안 학생들이 얼마나 적극적으로

참여하는지 관찰하고 회의가 끝난 뒤에는 자기 평가를 함께 진행하였다. 그리고 문제 해결 과정에 참여한 소감도 나누어 보았다. 학생들은 '의견을 많이 안 내서 힘들었어요', '친구들이 집중을 잘하지 않아요' 등 부정적인 소감도 있었지만 '앞으로 약속을 지켜야겠다', '친구들이 불편해 하는 것을 알았다' 등의 소감을 썼다. 에듀버스에 학생들이 정한 '우리들의 약속'을 설치하고 에듀버스의 운전 주무관님과 탑승 도우미분에게 부탁을 드려 학생들의 행동에 변화가 있는지 살펴 달라고 부탁을 드렸다. 현실적으로 우리 학교만 이용하는 상황이 아니어서 실천이 잘 될까 걱정이 되었다. 한동안 조회나 하교할 때 배웅을 하면서 당부를 하고 또 확인하는 과정을 거치면서 문제들이 하루아침에 해결되지는 않았다는 것을 알게 되었다. 학생들이 약속을 실천할 수 있도록 계속 독려하고 실천하기를 기대하고 있다는 교사의 태도를 함께 보여 주는 것이 최선책이라는 생각이 들었다.

수업과 일상의 틈 파고들기

학생들의 삶과 연계한 수업, 의미 있는 평가를 하기 위해 고민하고 실천한 이야기를 해 보았다. 수업과 평가를 계획하고 실천하는 과정에서 느낀 점은 수업이든 평가든 학생들을 세밀하게 관찰하는 데 중점을 두어야 한다는 것이다. 수업 내용이 학생들의 실제 생활과 연관이 있거나 학생들의 관심사를 반영한 것이면 무엇을 어떻게 평가할지(평가 장면 또는 상황)에 대한 아이디어를 발견할 수 있다. 물론 교과 내용이 해당 학년의 발달 정도와 그 시기에 필요한 역량을 기를 수 있는 수업 내용을 담아내고 있지만 모든 수업 주제를 학생들의 생활과 직접적으로 반영하는 것은 교사의 세심한 관찰과 노력이 요구된다. 교사의 관찰은 학생의 일상에서 수업의 주제를 정할 수 있고 좀 더 의미 있는 평가 장면을 만들 수 있다.

3월 초 교사들은 학년(학급)교육과정을 만드느라 많은 시간을 할애한다. 이 시기는 우리 반 학생들을 파악하는 중요한 시간이기도 한데 이 시기에 문서화된 학년(학급)교육과정 계획을 세우느라 한 달간의 시간이 어떻게 지나가는지도 모를 정도이다. 수업 준비에도 시간이 빠듯하다. 교사들에게 교육과정 운영계획을 잘 세워야 한다고 강조하지만 잘 계획된 교육과정은 어떤 것인지 아직도 확실한 기준을 갖기가 어렵다. 잘 정리된 화단처럼 빈틈없이 만들어진 교육과정 문서는 학생들의 의견을 반영할 틈이 보이지 않을 수 있다. 또 교사는 학생들을 정해진 목표 아래로 끌고 가기에 바쁠 수 있다. 꼭 필요한 내용만 먼저 생각하고 단원별로 구체적인 차시 계획은 수업을 진행하면서 채워 나갈 여유가 있는 교육과정 운영 계획이 필요하다. 학생들의 요구와 흥미가 받아들여질 수 있는 틈을 마련하고 학생의 일상을 교육과정과 만나도록 도와주는 유연함이 필요하다.

학교 현장 엿보기

교사가 되어야겠다고 언제 결심했는지는 모르겠다. 교대에 입학하면서 지금까지 교사로서의 삶은 만족스러운 편이다. 아침에 눈을 뜨면서부터 시작되는 교사의 삶이 때로는 바쁘고 버겁기도 하다. 하지만 '학교'는 아이들로 인해 행복이 가득하고, 짜증보다는 웃음으로 무엇이든 해결할 수 있는 에너지가 있는 공간이다. 그럼 에너지 넘치는 교실을 잠시 들여다보자.

1학년 담임선생님은 걱정이 태산이다. 6월이 되었는데도 아이들이 집중을 잘 하지 않는다며, 원인을 찾느라 매일 고민이다. 하지만 아이들은 그런 선생님의 마음을 아는지 모르는지 선생님을 '엄마'라 부르며 엉겨 붙고, 안기고, 매달린다. 선생님은 매일 한 바닥 아침 활동책을 활용해 재미있는 아침 활동을 유도하며 아이들이 좋아하는 종이 접기를 수업시간에 활용하는 모습도 보인다. 아이들이 1학년을 소중히 기억하게 하기 위하여 「진정한 8살」이라는 그림책도 함께 제작하는 열정 부자 선생님은 왁자지껄한 하루가 지나고 나면 커피로 하루를 마무리한다.

2학년 작년 코로나19로 인하여 2학년이지만 1학년 같은 아이들이다. 담임선생님은 3월 진단 활동 결과 글씨 쓰기 훈련이 필요하다고 판단되어 아침 활동 시간은 한 바닥 글씨 쓰기로 시작된다. 이러한 꾸준한 학습 훈련으로 2학년 아이들의 바른 글씨 쓰기가 나아지고 있다. 학교 현장에서는 머리로 계획한 것을 실행하는 것이 왜 이리 어려운지. 꼼꼼한 계획을 실천하는 담임선생님은 아이들의 개그에 힘이 빠져 고개를 절레절레 흔들지만 어느새 웃고 있는 모습이 은근히 아이들의 개그를 즐기는 듯하다.

3학년 3학년 교실 앞에서는 「나는 나비」 떼창 소리가 들린다. 교실에서 키운 배추흰나비를 날려 준 날이다. 아이들의 경험에 발맞추어 노래를 선곡한 선생님의 재치 있는 활동은 학교생활 곳곳에서 느낄 수 있다. 3학년 선생님은 작년 코로나19로 인해 아이들이 체험수업을 많이 경험하지 못한 점, 글씨 쓰기, 기본 연산으로 비롯한 기초·기본학력과 자리 정돈, 가위질, 색칠하기 등의 기능적인 태도에서의 부족함을 걱정한다. 이에 자투리 시간을 활용하여 바른 글씨 쓰기, 수학 연산 학습, 알파벳 쓰기 등 학습 훈련을 꾸준히 실천하고 있다. 선생님의 짜임새 있는 교육 활동 실천에 학년 맞춤형 교육에 대한 고민의 흔적이 고스란히 눈에 띈다.

4학년 작년 9월에 발령받은 신규 선생님은 같은 학년임에도 아이들 끼리의 성장 속도 차이에 고민이 많다. 그 고민의 실천으로 아이들이 옳고 그른 것을 바로 인지할 수 있도록 생활지도에도 열의를 보이며, 아이들의 학습도 꼼꼼히 체크한다. 아이들 개개인의 성향을 파악하고 소외되는 학생이 없게 학습을 이끌기 위해 노력하는 모습에서 교사다움을 느낀다. "저는 교사가 되면 수업만 할 줄 알았는데 이렇게 업무가 많을 줄 몰랐어요"라는 탄식 섞인 말에 수업에 집중하고 싶은 교사의 열망을 다시금 느끼며 이런 생각을 하는 교사가 신규라 너무 다행이라고 생각한다.

5학년 5학년은 회복탄력성이 뛰어난 아이들이라 수업에도 적극적이고, 생활에서도 항상 도움의 손길과 활기가 넘쳐난다. 친구를 가리지 않고 서로서로를 이해하며 위하는 마음은 단일학급 최고의 장점이라 하겠다. 아이들의 성향을 3월에 간파한 선생님은 "아이들이 너무 즐겁게 참여하니까 수업 준비를 안 할 수가 없어요. 부족한 날은 아이들한테 너무 미안하고 그래서 더 준비를 하게 돼요." 이 말 속에는 아이들의 성취감뿐만 아니라 아이들을 위해 노력하는 교사 자신에 대한 만족스러움도 포함된 것이리라.

6학년 코로나19로 인해 드러난 자기주도 학습의 부재와 사춘기로 가장 어려움이 많은 학년이라 도움의 손길이 많이 요청되고 있다. 6학년을 처음 맡은 담임교사는 이런 아이들을 수업에 참여시키고 개개인의 자아 존중감을 높이기 위해 갖은 노력을 기울이고 있다. 개개인의 학생이 교사의 손길이 필요하다 보니 선생님은 1대 1 상담을 많이 한다. 처음 맡는 학년이라 교과에 대한 부담도 크지만 중학교 가기 전에 서로 이해하고 배려하는 마음, 자신을 사랑하는 마음에 대한 성장을 놓칠 수가 없다. 가끔 6교시 수업을 하고 나면 '힘들어요'라고 말하기도 하는데, 쉬는 시간 없이 상담하며 이야기 나누어 주는 모습을 보면 그 말이 100% 공감이 된다.

지금까지 6학급 6개 학년의 교실을 엿보았다. 각 교실의 이야기를 쓸 수 있었던 까닭은 교원학습공동체를 비롯해 평소에도 수업 및 아이들의 이야기 나눔을 일상화하고 있기 때문이다. 닫힌 교실이 아닌 교사 간 열린 교실이 되어 가고 있는 학교 현장은 서로가 서로에게 동료가 되고 선배가 되는 상황에 놓이게 되었다. 그러면서 서로가 성장의 원동력이 되고 있다.

위의 각각의 교사들은 서로 다른 환경에 놓인 학습자를 중심으로 교육과정을 구성하고, 수업을 실천하고 있다는 것을 알 수 있다. 또한 이런 수업을 바탕으로 매일 아이들을 평가하고, 평가를 통하여 아이들의 성장을 위하여 더하기 할 부분과 빼야 할 부분을 연구한다. 즉, 매일 아이들을 위해 수업하고, 관찰하고 피드백한다. 우리가 매일 하는 평가지만 교과로서의 학생 평가는 교사들의 이야기 주제에서 멀게만 느껴진다. '평가'는 교사들의 이야기를 주저하게 만들고, 아이들을 상·중·하로 집단화하게 만들며, 기계적으로 긍정적인 면만 선택하여 기록하게 만든다. 실제로 학교 선생님들과 수업 및 아이들에 관한 이야기를 많이 나누지만 '평가'에 관한 이야기는 잘 나누지 않는다. 나누더라도 공개수업 시 진행되는 '평가' 양식, 나이스 평가 평어에 대한 정보 공유, 생활기록부 연수 등이 대부분이다. 그동안의 '평가'는 아이들의 성장을 위한 것보다는 '결과 도출을 위한 평가', '기록을 위한 평가'로 자리 잡아 온 것이 사실이다.

평가 경험 엿보기

'학생 평가'에 대하여 관심을 가지게 된 것은 기초학력 담당을 하면서부터이다. 관행적으로 업무를 계획·운영하면서 '학생을 위한 평가는 어떠해야 할까?'라는 물음이 생겨났다.

지금의 기초학력 담당업무는 학생 개개인의 성장 정도와 부진 원인을 다각도로 찾고 해소하기 위한 방안 지원이 주요 업무이다. 하지만 2011년 이전의 기초학력 업무는 중간·기말 평가 시험지 제작 총괄 및 평가 진행과 결과 보고, 학습부진아 판별에 따른 담임 책임지도, 학력 캠프 등을 지원하는 업무가 주를 이루었다. 학생들의 발달 정도를 객관화하는 자료로 시험 결과만을 택했고 심지어 6학급에서는 혼자 10과목의 시험지를 제작해야 했다. 시간에 쫓기어 기존에 제작되어 있는 시험지를 출력하여 사용할 때도 있었다. 또한 큰 단위 학교에서는 이원 목적 분류표와 시험지를 제작하고 나면 같은 학년 교사들이 시험지를 확인하며 자신이 가르치지 않은 내용이 있는지, 난도는 괜찮은지 점검을 하였다. 분명 중요도가 낮고, 가르치지 않아도 되는 내용이라 생각하였던 것이 지필고사에 등장하면 부랴부랴 수업하는 경우도 적지 않았다. 이러한 지필평가의 문제점과 더불어 평가결과에 대한 압박도 있었다. 결과가 나오면 1반부터 8반까지의 총점과 반 평균이 적힌 결과지를 결재 판에 넣어서 결재를 받아야 했고, 아이들도, 교사들도 서로 비교당하며 줄 세워지는 평가가 실재하고 있었다.

2011년 강원도교육청에서는 일제식 지필평가를 없애고 학생의 성장과 발달에 초점을 두는 평가 패러다임의 방향성을 홍보하기 위하여 '학교로 찾아오는 연수'를 진행하였다. 중간·기말 평가 대신 학생의 성장과 발달을 지원하기 위한 형성평가의 중요성을 강조하였으며, '수행평가'의 활성화를 이야기하였다. 이러한 교육 흐름을 반영하여 교육 관련 사이트에서는 '수행평가지'가 물밀듯이 쏟아졌고, 교사들은 학기 초에 평가 계획서와 수행평가지 결재를 맡아야 했다. 지금 생각해 보면 '수행평가'에 대한 앎도 없이 말만 '수행평가'로 붙이고 시험지를 제작한 것이 너무나 부끄럽다. 2013년도 강원교육은 '상시평가', '수행평가'로 불리던 평가에 대한 용어를 그 목적과 방향성을 분명히 하여 '행복성장평가'로 명명하기 시작했다.

강원도 행복성장평가제는 학생들의 성장과 발달과정을 확인하고, 교수·학습을 개선하는 데 목적을 두며, 학습의 결과뿐만 아니라 학습의 과정을 평가하여 모든 학생이 교육 목표에 성공적으로 도달할 수 있도록 지원합니다. 또한 학생의 성장발달 과정을 진단하고 그 결과를 학생 및 학부모와 소통하며 지원하는 데 중점을 둡니다.

— 과정중심의 행복성장평가(2018), 강원도교육연구원

평가에 대한 용어 정립과 패러다임의 전환은 평가에 대한 관심을 더욱 증폭시켰다. 학생의 성장과 발달에 중심을 둔 평가, 교사별 평가, 다양한 평가 방법의 도입, 서술형·논술형 평가의 확대, 평가 결과에 대한 수시 안내 등 행복성장평가의 명확한 방향성이 제시되면서 '평가'를 제대로 한다는 것에 대한 실천 기반의 경험이 필요하였다. 그러던 와중에 한국교육과정평가원에서는 '과정중심평가(2017)'라는 용어를 도입하였다. 그 취지와 방향은 강원도교육청의 '행복성장평가(2013)'와 같은 곳을 바라보고 있었고, 교육과정 속에서 의미하는 '평가'에 대한 학문적 의미를 포괄적으로 제시함으로써 무엇부터 해야 하는지에 대한 근간을 마련하여 주었다.

교육과정의 성취기준에 기반한 평가 계획에 따라 교수·학습 과

정에서 학생의 변화와 성장에 대한 자료를 다각도로 수집하여 적
절한 피드백을 제공하는 평가.

- 한국교육과정평가원(2017)

과정중심평가를 실행하기 위하여 성취기준을 분석해야 했고, 그
에 기반을 둔 평가 계획을 수립해야 했다. 평가하고자 하는 내용, 기
능, 태도는 곧 학습할 수 있는 수업 계획과 연결되었다. 이외에도 채
점 기준의 설계, 다양한 평가 방법의 실천, 적절한 피드백과 기록까
지 '평가'를 제대로 하고 싶은 마음은 교육과정→수업→평가→기
록으로 연결되었고 많은 것들을 배우고 실행해야 했다.

평가에 대한 철학과 방향성의 부재, 패러다임 전환에 대한 준비
부족, 평가 전문성에 관한 연구의 필요성 속에서 평가연구회에 발을
들이게 되었고 제대로 된 '평가'에 다가가기 위해 노력했던 과정을
간략하게 담아 보려 한다.

평가 내용과 평가 장면 구체화를 위한 성취기준 분석

과정중심평가는 성취기준에 기반을 둔 평가 계획 수립을 전제로
한다. 이에 성취기준 분석이 선행되어야 한다. 성취기준 분석을 위하
여 2015 개정 교육과정 총론과 교과별 각론, 교사용 지도서를 참고
하였다. 또한 '강원도 초등학교 교육과정 편성 운영 지침'도 분석 자
료로 활용하였다. 이러한 교육과정 관련 전문서의 탐독과 이해는 국

가 수준 교육과정에서 제시하는 성취기준의 큰 맥락에서부터 시·도 교육청이 추구하는 지역 수준 교육과정에 대한 학문적 이해를 가져다주었다. 단지 교과서에 있기 때문에 가르치는 것이 아니라, 학년에 적합한 지식, 기능, 태도의 성장과 발달의 방향성을 제시하며 해당 학년에서 어떠한 것을 할 수 있어야 하는지 평가 내용과 평가 장면을 구체화하도록 학습의 장을 열어 주었다. 이러한 연구와 실천 과정을 통하여 각 교과별 성취기준이 가지는 특성이 제각각임을 알게 되었고, 그것을 최대한 반영하여 평가 계획을 수립하고자 노력하였다. 각 교과별로 가지는 성취기준의 특성을 몇 가지만 기술하여 보면 다음과 같다.

[4국01-04] 적절한 표정, 몸짓, 말투로 말한다.(3~4학년 지속 성취기준)

[4국01-06] 예의를 지키며 듣고 말하는 태도를 지닌다.(4학년 중점 성취기준)

국어과 성취기준은 학년 군 설계가 중요한 과목이다. 2개 학년에 걸쳐서 지속적으로 학습해야 할 지속 성취기준과 한 학년에서 중점으로 가르쳐야 할 중점 성취기준으로 제시되기 때문이다. 지속 성취기준은 상대적으로 중점 성취기준에 비해 교과 평가에서 배제되는 경우가 있으므로 교사가 학년 군에 걸쳐 더욱 신경을 써야 한다. 반대로 생각하면 학년 군에 걸쳐 지속적으로 가르쳐야 할 중요한 성취기준이기 때문이다. 또한 2년에 걸쳐 기본적인 요소에서부터 심화적인 요소까지 교사가 확장적인 태도를 가지고 학습 내용(평가 내용)과

학습 장면(평가 장면)을 구체화할 수 있는 성취기준이다. 위에 제시된 지속 성취기준은 3학년에서는 자신의 생각을 적절한 표정, 몸짓, 말투로 말하는 것으로 학습 장면이 제시된다면 4학년에서는 공식적인 말하기 상황에서의 적절한 몸짓, 말투로 말하는 것이 학습 장면이 된다. 말하기 대상이 친근한 존재에서 제 3자일 수도 있는 상황까지 고려하여 확대되는 말하기 듣기 상황을 제시할 수 있는 것이다. 또한 의사소통 상황은 수업시간에만 국한된 것이 아니기 때문에 학급의 일 년 살이 와도 연계하여 학습 계획을 세울 수 있다. 예를 들어 매주 월요일 자신이 겪은 일 말하기(3학년은 1대 1로 말하기, 4학년은 학급 전체 친구들을 대상으로 앞에 나와서 발표하기) 등의 학급 활동이나 타 교과 수행과제 발표 시 발표 형태 및 듣는 주체를 다양하게 구성하는 데 기반이 될 수 있는 교과이다.

[4수03-02] 초 단위까지의 시간의 덧셈과 뺄셈을 할 수 있다.

[4수03-14] 여러 가지 방법으로 삼각형과 사각형의 내각의 크기의 합을 추론하고, 자신의 추론 과정을 설명할 수 있다.

[4수02-03] 교실 및 생활 주변에서 직각인 곳이나 서로 만나지 않는 직선을 찾는 활동을 통하여 직선의 수직 관계와 평행 관계를 이해한다.

수학과 성취기준은 학습 내용이 단계적으로 진행되기 때문에 학년별 계열성을 분석하여 진단→형성→총괄 평가를 지필로 시행하기에 유용한 과목이다. 그러기에 일부러도 지필평가 외의 다양한 평가 방법을 도입하여 학생들을 다양한 평가 상황에 노출시키기 위

한 노력이 필요하다. 왜냐하면 학생 참여형 수업을 통해 학생들은 다양한 상황 속에서 자신이 할 수 있는 것과 더 배워야 하는 것을 깨닫고 성장하기 위해 노력하는 경험을 갖게 될 것이기 때문이다. 수학과 성취기준 중 '무엇을 할 수 있다'라고 서술된 성취기준은 할 수 있는지의 여부를 지필평가로 시행하는 것이 효율적일 수도 있다. 하지만 '~설명할 수 있다', '~이해한다'와 같은 서술어는 어떤 평가 장면과 평가 도구를 활용할 것인지 범위가 넓기 때문에 평가하고자 하는 내용을 바탕으로 평가 장면, 즉 수업 장면을 구체화하는 노력이 필요하다. 이해한 내용을 영상으로 촬영하여 발표할 수도 있고, 작품으로 표현하기, 몸으로 표현하기, 짝 활동을 통해 게임으로 나타내기 등 다양한 수업 방법이 곧 평가 방법이 된다. 이렇게 평가를 생각하면 구체적인 수업 설계가 뒤따라 온다. 내가 가르치는 학생의 특성과 상황을 반영하여 성취기준별 다양한 평가 방법과 도구, 평가 주체를 계획함으로써 수업이 다채롭게 구성될 수 있다.

[4사03-05] 우리 지역에 있는 공공 기관의 종류와 역할을 조사하고, 공공 기관이 지역 주민들의 생활에 주는 도움을 탐색한다.
[4사03-06] 주민 참여를 통해 지역 문제를 해결하는 방안을 살펴보고, 지역 문제의 해결에 참여하는 태도를 기른다.

사회과 성취기준도 수학과와 마찬가지로 성취기준의 서술어에 대한 고민이 깊은 교과이다. '~탐색한다'라고 했을 때 '어떤 평가 장면을 통하여 학생들이 탐색할 수 있는지를 드러나게 할 것인가?'가 고

민이었다. 위의 성취기준에서 지식 요소는 우리 지역에 있는 공공 기관의 종류와 역할, 공공 기관이 지역 주민들의 생활에 주는 도움을 아는 것이다. 기능 요소는 성취기준에 제시된 조사하기 활동과 더불어 조사한 내용을 바탕으로 주민 생활에 주는 도움을 탐색하는 방법이 결정되면 그것이 곧 기능요소가 된다. 즉, 작품으로 표현하기, 발표하기, 모둠 역할극 등 다양한 방법 중에 평가 장면으로 선택되는 것이 수업에서 평가할 기능 요소로 결정된다. 또한 조사하기 활동도 개방적인 조사학습 형태인지 교사의 의도와 안내가 섞인 조사학습인지 등 그 영역과 범위가 제시되어야 하며, 학년 초 조사 활동의 학생 개인차(정보 활용 능력, 정보통신 소양 능력, 보고서 작성 능력 등)에 대한 진단 활동도 선행되어야 함을 깨달았다. 조사 활동에는 열심히 참여하고 흥미를 가지나 조사보고서 작성이 서툴고 표현하는 능력이 떨어지는 학생들은 그렇지 않은 학생들에게 비해 상대적으로 저평가될 수도 있기 때문이다. 이러한 학생 간의 서로 다른 출발점으로 인해 성실한 학생이 손해 보는 것을 줄이기 위하여 지식, 기능, 태도 요소에 대한 진단 활동이 우선적으로 진행되어야 한다. 이를 바탕으로 출발선을 동등하게 하기 위한 피드백과 학습 훈련은 일 년을 거쳐 학급 살이에 반영하여 진행되어야 할 부분이다. 두 번째로 제시된 '~태도를 기른다'와 같이 태도 요소가 중점인 성취기준은 학생들이 학습 내용을 내면화하고 실천하기 위한 태도를 갖출 수 있도록 어떠한 평가 장면을 제시할 것인가가 특히 고민이다. 이러한 성취기준은 일회성 수업을 지양하고 더욱 깊고 확장된 경험으로 생

각을 키워갈 수 있도록 프로젝트 형태로 수업 설계를 열어 두는 것
이 좋다. 또한 필요하다면 다른 교과와 성취기준을 연계하여 운영하
는 것도 필요하다.

[4음02-01] 3~4학년 수준의 음악 요소와 개념을 구별하여 표현한다.
[4미02-05] 조형 요소(점, 선, 면, 형 · 형태, 색, 질감, 양감 등)의 특징을 탐색하고, 표현
의도에 적합하게 적용할 수 있다.

예체능 교과의 성취기준은 문장만 보았을 때 정확하게 인지적 요소
를 파악하지 못하는 경우가 있다. 위의 음악과 성취기준에서 '3~4학년
수준의 음악 요소와 개념'이라는 것이 명확하게 제시되지 않는 것을
예로 들 수 있다. 물론 교과서에 제시된 활동과 흐름에 따라 수업하
고 평가를 하면 학년에 적합한 음악 요소와 개념을 자연스럽게 학습
하게 되는 것 아니냐고 말할지도 모르겠다. 하지만 다른 성취기준과
연결하거나, 학습 제재 선택, 학습 장면 구상, 학생 피드백 등 학습의
계열성 및 내용 체계를 정확하게 이해하지 못하고 있다면 학생에게
학습 결손 또는 학습 과부하가 생길 수도 있다. 예를 들어 4학년 담
임 때 아이들에게 계이름을 가르치거나, 계이름이 제시되지 않은 악
보를 보고 리코더를 연주하게 했던 경험이 있다. 하지만 음악과 각론
에서 제시하는 음악 요소와 개념 체계표에 제시된 사항으로 초등학
교 3~4학년에서는 '음의 높고 낮음, 차례가기와 뛰어가기, 시김새' 요
소가 적용된다면, 5~6학년은 '음이름, 계이름, 율명, 장음계, 단음계,
여러 지역의 토리, 시김새'가 제시되어 있다. 계이름은 5~6학년의 음

악 요소로 구별되어 있는 것이다. 우리 반 아이들은 음의 차례가기와 뛰어가기에 대한 이해를 높여야 했던 시기에 계이름을 외우기 위해 책에 계이름을 표기해 가며 학습 과부하를 경험한 것이다. 또한 예체능 교과는 개인의 흥미와 신체적 요소, 과거의 학습적 경험이 학습에 대한 자신감과 연결되는 부분이 크므로 충분한 차시 구성을 통하여 학생들이 학습하고 그것을 평가받을 수 있는 수업 설계 환경을 구축해 주어야 한다. 음악, 미술, 체육 분야의 사교육을 받는 학생과 그렇지 않는 학생 모두 공교육의 수업 내용을 이해할 수 있어야 하고, 평등한 학습 출발선을 보장받는 상태에서 평가를 받아야 한다는 뜻이다. 그리고 하나의 성취기준을 단 한 번의 수업으로 평가받지 않도록 성취기준에 대하여 다양한 수업을 설계한다. 또한 평가 장면에 노출되는 기회를 제공하여 예체능에 대한 자신의 가능성에 자신감을 얻고, 즐기는 경험을 통해 학생들이 성장할 수 있도록 교육과정 설계와 수업, 평가가 연결되어야 함을 깨달았다.

학생의 삶과 연계한 과정중심평가 실천기

과정중심평가 실천을 위하여 각 교과별 성취기준에 대한 분석이 이루어졌다면 이제는 그것에 기반을 둔 평가 계획이 수립되어야 한다. 평가 계획을 수립한다는 것은 곧 교육과정을 설계한다는 것이고 수업을 디자인한다는 것이다. 그리고 이 모든 설계는 지금 내가 가르치고 있는 학생의 삶을 기반으로 하여 이루어져야 한다.

4학년 학급의 일 년 살이를 계획하면서 가장 먼저 확인한 사항은 학생과 학부모의 학교 교육과정에 대한 교육 활동 반영 사항이었다. 본교 학부모님은 창의 인성교육을 가장 관심을 가지고 추진할 영역이라고 생각하였으며, 강화할 인성 덕목으로 타인 배려와 바른 언어 사용, 나눔과 봉사를 꼽았다. 이에 인성요소를 학급 교육계획의 중점 사항으로 반영하기 위하여, 단원별로 인성 덕목을 제시하고 있는 도덕과 성취기준을 중심으로 학급의 월별 인성 가치 덕목을 설정하였다. 다른 교과의 성취기준과 연계하여 인성 요소 강화를 위한 교육 활동을 계획하였다. 또한 아이들과 함께 하고 싶은 활동을 토의하여 교육과정 설계에 반영하였으며, 다채로운 활동을 함께 계획함으로써 학생들의 학습에 대한 동기유발을 높였다.

일 년 밥상에 대한 다양한 식단이 계획되었다면 이제 즐겁고 재미있게 함께 요리하는 과정을 맛볼 차례이다. 그리고 그 과정 속에서 우리가 서로 칭찬하고 반성할 부분에 대한 피드백을 통해 한 걸음 더 나아가는 시간이 반드시 기다리고 있다.

인성교육을 기반으로 학생들이 다양한 평가 상황 속에서 성장할 수 있는 기회를 제공하기 위하여 평가 설계를 할 때 중점사항으로

첫째, 다양한 평가 주체를 통하여 서로를 신뢰하고 존중하는 학습 분위기 속의 평가 장면 설계하기

둘째, 다양한 평가 방법을 활용하여 학생들이 다양한 역량을 발휘할 수 있도록 평가 장면 설계하기

둔 것은 다음과 같다.

다양한 평가 주체를 통하여 평가 요소에 대한 다각적인 평가 증거를 수집하고, 서로가 서로에 대하여 칭찬과 피드백을 해 줌으로써 서로 신뢰하고 존중하는 학습 분위기를 꾀하고자 하였다. 자기 평가, 동료 평가를 할 때에도 교사 주체의 평가와 마찬가지로 교사가 명확하게 채점 기준을 제시해 주는 노력이 동반된다. 또한 다양한 평가 주체로 평가 장면을 구성하기 위해서는 충분한 차시가 확보되어야 한다. 그러기 위하여 연결 가능한 성취기준을 연계하여 수업을 구성하면서 자연스럽게 교사별 교육과정이 따라오게 되었다. 〈평가 장면 1〉은 다양한 평가 주체를 활용한 국어과 평가 사례이다. 하나의 성취기준에 대하여 반복적인 몇 번의 평가가 있었으며, 차시별 평가를 통해 부족한 부분을 피드백하고, 다시 평가 장면에 노출되는 것을 반복적으로 시행하였다. 학생들은 반복적인 평가를 거듭하면서 자기 평가와 동료 평가를 통해 자기 점검의 시간을 갖고 자신을 성찰하는 모습을 보였다. 자신의 강점과 약점을 스스로 깨닫고, 성취기준에 대한 성취 수준을 높이기 위하여 노력하는 모습을 보였으며, 친구들 간의 피드백을 통하여 서로가 서로를 격려하고 더 나아질 수 있도록 방법을 안내해 주는 멘토 역할도 발견할 수 있었다. 또한 다인수 학급에서 교사 1인이 평가하기에 많은 시간과 노력이 뒤따르는 '말하기 영역 평가'에서는 다양한 평가 주체를 활용하여 다각도의 증거를 수집함으로써 평가 대상자에게는 평가에 대한 신선함과 자극 및 반복적인 학습을 통한 학습 자신감을 부여하고, 교사에게는 다각도로 평가 증거를 확보하며, 학생이 성장하는 모습을 관찰할 수 있는 시간을 확보할 수 있었다.

〈평가 장면 1〉

성취기준		[4국01-04] 적절한 표정, 몸짓, 말투로 말한다.
연계한 성취기준		[4국05-04] 작품을 듣거나 읽거나 보고 떠오른 느낌과 생각을 다양하게 표현한다. [4국02-05] 읽기 경험과 느낌을 다른 사람과 나누는 태도를 지닌다. [4국01-01] 대화의 즐거움을 알고 대화를 나눈다.
1차 평가	평가 주체	짝
	평가 방법	발표 수행, 관찰 평가(독서활동 연계)
	채점 기준	〈지식〉 책의 줄거리가 드러나 있는가? 〈지식〉 책에 대한 감상(느낌, 생각 등)이 드러나 있는가? 〈기능 및 태도〉 실감 나는 표정, 몸짓, 말투로 발표하였는가? 〈기능 및 태도〉 발표자가 전달하는 내용이 잘 이해가 되었는가?

평가 TIP

공식적인 말하기를 위해 필요한 적절한 표정, 몸짓, 말투는 어떤 것인가에 관하여 지식 요소에 대하여 사전 학습을 하였다. 1차 평가는 학생들 간에 발표하는 것에 대한 부담감과 자신감이 차이가 있어 평가 주체를 작은 범위인 짝 활동으로 설정하였다. 짝과 함께 연습하면서 적절한 표정, 몸짓, 말투를 하기 위해 필요한 부분에 대하여 충분한 연습을 할 수 있도록 자신감을 북돋는 것에 주안점에 두었고 그것이 바로 수업이자 평가 피드백이 되었다.

연계한 성취기준		〈창의적 체험활동〉 자치활동
2차 평가	평가 주체	모둠 친구들
	평가 방법	발표 수행, 관찰 평가(인성교육 연계)
	채점 기준	〈지식〉 지켰으면 하는 모둠 규칙이 드러나 있는가? 〈지식〉 규칙에 대한 이유가 드러나 있는가? 〈기능 및 태도〉 실감 나는 표정, 몸짓, 말투로 발표하였는가? 〈기능 및 태도〉 발표자가 전달하는 내용이 잘 이해가 되었는가?

평가 TIP

1차 평가에서 자신이 연습한 것을 모둠 친구들을 대상으로 먼저 발표하는 시간을 가졌다. 그런 후 평가를 하고 짝에게 해 주었듯이 모둠 친구들에게도 평가를 해 주었다(1.5차 평가로 보면 되겠다). 2차 평가는 모둠원 모두가 공감할 수 있는 내용이어야 해서 '우리가 지켰으면 하는 모둠 규칙'에 대하여 간단하게 글로 쓰고 발표하는 연습을 하였다. 그런 후 모둠원의 1번은 1번끼리, 2번은 2번끼리 다시 모둠을 재조직하여 발표를 하고 피드백을 해 주는 시간을 가졌다. 피드백은 서로가 발표하면서 어려웠던 점, 본인이 노력하였던 점, 본인이 고쳐야 할 부분, 잘하고 있는 부분들에 대하여 서로 토의를 하였다. 토의 활동을 통하여 공감과 자기성찰의 시간이 되도록 유도하였으며 편하게 이야기하는 순간이 바로 피드백이 되었다.

〈평가 장면 2〉는 하나의 성취기준에 대하여 다양한 평가 장면을 설계하고 수업을 진행한 사례이다. 이를 통하여 기존에 한 번의 평가로 기록되고 피드백 되는 평가의 단점을 메울 수 있었으며, 수업이 곧 평가가 됨으로써 학생들은 점, 선, 면, 질감, 양감 등을 탐색하고 적용하여 표현하는 것에 흥미를 느끼며, 지속적인 수업의 흐름을 쉽게 이해할 수 있었다.

〈평가 장면 2〉

성취기준	[4미02-05] 조형 요소(점, 선, 면, 형·형태, 색, 질감, 양감 등)의 특징을 탐색하고, 표현 의도에 적합하게 적용할 수 있다.
연계한 성취기준	[4미01-02] 주변 대상을 탐색하여 자신의 느낌과 생각을 다양한 방법으로 나타낼 수 있다. [4미02-02] 주제를 자유롭게 떠올릴 수 있다. [4미02-06] 기본적인 표현 재료와 용구의 사용법을 익혀 안전하게 사용할 수 있다. [4미03-03] 미술 작품에 대한 자신의 느낌과 생각을 발표하고, 그 이유를 설명할 수 있다.

	1-2차시 (개별)	1. 다양한 점묘화 작품 감상하기 2. 면봉으로 점찍어 풍경 나타내기(A4로 종이, 인물, 또는 명화 등 밑그림 제시 또는 밑그림 그리기) 3. 서로 작품 감상하기
	3-4차시 (개별)	1. 다양한 선 찾기(학습지 제공) 2. 선을 활용하여 작품 완성하기 정해진 밑그림에 선으로 배경 채우기
평 가 장 면	5-6차시 (짝활동)	◆ 친구 얼굴 탐색하기 – 특징 발견하기 ◆ 네임펜을 활용하여 선으로 친구 얼굴 나타내기
	7-8차시 (짝활동)	1. 세계의 다양한 건축물 살피기 2. 수수깡으로 탑 만들기(짝활동) 3. 직선으로 만든 탑 감상하기
	9-10차시 (개별)	1. 색의 느낌에 대하여 경험하기(밝고, 어두움: 명도, 색의 선명한 정도: 채도) : 실루엣애니메이션 감상 2. 색상환을 보고 명도, 채도 느끼기 3. 자신이 좋아하는 색을 고르고 그 이유 발표하기 4. 사파리 배경 꾸미고, 동물 붙이기 5. 짧은 글로 감상평 적고 발표

	11–12차시 (모둠)	♣ 학교에서 본 장면 발표하기 ♣ 호일로 양감 표현하기 ♣ 기억하고 싶은 장면을 양감을 살려 호일로 표현하기
평 가 장 면	13–14차시 (개별)	♣ 자신이 경험한 다양한 것을 발표하기 ♣ 다양한 질감 경험하기 　– 종이, 셀로판지, 사포지, 펠트지 등 ♣ 기억하고 싶은 추억을 사포지에 나타내기

평가 TIP

미술과 성취기준의 학습 내용을 충분히 경험할 수 있도록 조형요소 별로 탐색하는 시간을 가져보았다. 이를 통해 교과서에 제시된 표현방법을 무작정 따라하거나, 블로그나 사회적으로 유행하는 표현방법(예: 캘리그래피)을 적용하거나, 학습 사이트에 제시된 표현방법을 모방하는 것이 아닌, 학습해야 할 내용에 집중하고, 다양한 표현방법과 표현활동을 탐색해야 할 이유를 갖게 되었다. 다른 성취기준들과도 연계하며 체험–표현–감상이 함께 어우러지는 미술 영역에 집중하는 미술 수업을 할 수 있었다. 수업 상황에서 미술 교과는 다른 교과를 위한 도구교과로서의 역할을 많이 담당해 왔다. 하지만 미술 교과의 지식, 기능, 태도 요소에 기울이면서 수업을 해 보니 미술이라는 자체에 흥미를 가지고 자기 주변을 둘러보며, 표현활동에 자신감을 가지는 모습들이 보였다. 표현활동에서는 과정 속에서의 피드백이 수시로 이루어졌으며, 표현활동을 마친 후에는 감상활동을 반드시 하여 오늘의 과정에 대한 자기반성, 친구들과의 이야기 나눔 등 개인 피드백과 전체 피드백이 함께 오갈 수 있었다. '미술' 교과하면 그림 잘 그리는 친구는 의례 지정되어 있었지만 다양한 활동을 통해 서로가 칭찬을 하면서 모든 주제와 표현이 가능하고 신뢰받는 분위기가 연출되었다. 예술적 표현기능은 한 번에 길러지지 않으며 흥미와 호기심, 자신감과 같은 태도의 향상은 더없이 많은 인고의 시간이 필요하다. 반복적인 평가 장면 구성을 통하여 학생들이 연계성이 있는 수업에서 전과의 자신을 비교하며 성찰함으로써 자신이 성장하는 것을 스스로 느끼고 자아존중감이 큰 학생으로 성장하기를 기대하는 가슴이 뭉클했던 미술 수업이었다.

　　처음에는 학생 평가란 어떠해야 하는가에 대한 의문과 방향성에서 평가 공부를 시작하였다. 제대로 된 '평가'는 무엇이며, 어떠해야 하는지에 대한 연구는 지금도 여전히 실천 중이다.

성취기준 중심으로 설계한 지 5년이 지났고 교과의 한계를 극복하고 현재의 학생과 지역을 아우를 수 있는 교육과정을 계획하고 실천하기 위하여 부단히 노력하고 있다. 지금도 계속 실천 중이기에 교육과정과 평가에 대한 생각이 또 어떻게 변화할지는 미지수이다. 하지만 한 가지 당연한 것은 어떠한 평가든 성취기준에 기반을 둔 교육과정에서부터 시작되며, 그 실천은 학생들의 삶 속에서 이루어지고, 자신들이 경험한 것을 바탕으로 얼마만큼 해낼 수 있는지를 평가받아야 한다는 것이다. 이는 곧 고정 불변과 같다고 느껴지는 학교 교육과 재미없을 것 같은 성취기준이 평가주체와 평가방법을 다양화하면서 다채로워질 수 있고, 학생들의 삶 속에서 설계 및 실행되면서 유연한 교육의 가능성을 체감할 수 있다는 것이다.

평가 이야기를 하는데 교육과정이 나오고 수업이 나오고 끌어 들이는 영역과 요소가 끝이 없다. 교육이 바로 분절적으로 한 가지를 말할 수 없기 때문일 것이다. 평가를 하기 위해서는 평가를 '왜' 하는지 '무엇을' 평가할지, '어떻게' 평가할지, 과정과 결과는 어떻게 피드백할지, 이 모든 교육의 과정들이 왜 이루어져야 하는지 등 모든 것을 고민해야 한다. 이 모든 것을 가능하게 하는 것이 바로 교사의 전문성이 아닐까?

내가 가장 무서워하는 말 중에 하나가 바로 '평가는 교사의 추측이다'라는 말이다. 실제로는 추론에 더 가깝지만, 뭐든 내가 어떠한 평가를 내리느냐에 따라 그것이 곧 학생에게는 결과가 된다. 학생의 성장과 발전에 도움이 되는 평가가 되기 위하여 교사는 평가 전문성에 대하여 연구하고 실천하는 태도를 게을리 하지 말아야 함을 오늘도 되새긴다.

학생의 삶과 수업 그리고 평가

학생들의 삶과 배움 및 평가

교사 자신이 100% 만족하는 수업이란 있을 수 있을까? 사전에 준비를 많이 하고 수업에 들어가지만, 실제 학생들과 수업을 하면 부족한 면도 보이게 되고 의도하지 하지 않은 여러 가지 상황들도 발생한다. 또한 교사 자신은 이 정도면 학생들이 흥미를 갖고 적극적으로 참여할 것이라고 생각하지만 막상 현실은 다를 때가 많다. 그 이유는 무엇일까? 여러 가지 이유가 있겠지만 가장 큰 이유는 배움이 학생들의 삶과 연계되지 않았기 때문이다.

배움과 실제의 괴리를 좁히고 싶었다. 수업시간에 이루어진 배움의 결과가 지금 삶에 도움이 되도록 하고 싶었다. 학생들의 삶과 배움 그리고 평가에 대한 고민을 조금이라도 풀어 보고자 학생들의 삶이 배움에 연계될 수 있도록 수업을 설계하였다. 나의 하루에서 수업이 차지하는 양적 비중은 크다. 또한, 학생도 수업을 받느라 많은 시간을 보낸다. 학생을 위한 의미 있는 수업을 위해 삶과의 일치도를 높여야 했다.

삶과 연계하는 것은 수업의 흥미도와 몰입도를 높이는 데 효과가 있을 것이다. 하지만 여기에 그치는 것이 아니라 배움을 통해 현재와 앞으로의 삶을 살아가는 데 도움이 되었으면 좋겠다는 취지로 수업을 계획하게 되었다.

수업 설계의 과정 및 실천 사례

바쁜 3~4월이 지나갈 무렵 근무하고 있는 ○○초등학교 5학년 교사들은 교육과정 재구성이 필요하다는 논의를 진행하였다. 기존 수업에서는 학생이 교과서 진도만 좇아가는 수동적인 학습자였다면, 이제는 학생이 자기주도적 학습을 실천할 수 있는 수업으로 전환을 꾀해야 했기 때문이다. 학생들의 삶과 연관성이 높은 소재를 수업에 적극적으로 도입하고 수업 활동이 자신의 삶의 문제를 해결하는 데 도움이 되도록 하고자 했다. 그리하여 학년 협의회를 정기(매주 수요일 오후 3시~4시 30분)적인 교과 협의와 더불어 수시 협의를 통해 5월은 가정의 달 감사 공모전, 6~7월은 어린이 인권 영상제를 개최하기로 하였다. 그동안 각 교실에서 혼자 고민했던 부분들을 논의해 보니 배움 내용이 풍성해지고 구체화되었다. 교사 개개인의 전문성 및 노하우를 공유하고 각 반의 특성에 맞게 구체화시킬 수 있었다. 수업 중 교사의 실수를 줄이고, 교사의 개인 성향에 따라 놓치게 될지도 모르는 부분들까지 보완할 수 있게 되었다. 집단지성을 활용한 수업 계획을 통해 추진력도 더불어 확보할 수 있었다.

월별 활동은 프로젝트 학습으로 진행하였고, 각 주제는 학생들의 교육과정 내용을 중점으로 이후에도 꾸준히 협의해 나가기로 했다. 교사들이 프로젝트 제안서를 쓰고 학생들에게 안내한 다음부터는 교사는 지원의 역할을 하였다. 학생들이 계획하고 심사까지 하는 형태로 수업이 진행되었다.

수업의 실제 – 감사 공모전 성취기준 분석

〈성취기준〉

[6국01-02] 의견을 제시하고 함께 조정하며 토의한다.
[6미01-04] 이미지를 활용하여 자신의 느낌과 생각을 전달할 수 있다.

국어 5학년 1학기 6단원의 토의 절차와 방법을 아는 단원을 활용하여 학생들의 토의를 통해 문제 해결을 위한 협력적인 토의 방식을 적용하려고 하였다. 학생들은 자신의 의견을 뒷받침하기 위한 다양한 자료를 모은다. 친구들과 그 자료를 공유하고 도움 의견을 준다. 학생들은 여러 의견을 모아서 자신의 의견을 재정립한다. 학생들은 토의하는 방법을 학습한 후 그것을 수업 활동 전반에 기반으로 삼았다. 다양한 의견을 조정하는 것은 1학기 수준으로 의견을 모으고 결정하였다. 이를 바탕으로 의견을 조정할 수 있도록 교사의 지원을 받아 진행하였다.

미술 5학년 1학기 미술교과의 이미지를 활용한 생각이나 느낌 전하기 활동을 확장하였다. 이미지뿐만 아니라 영상자료 등을 활용하여 감사에 대한 자신의 생각과 느낌을 전달하는 표현 활동을 하였다.

평가 계획

평가 내용	구분	평가 기준	평가 방법
알맞은 주제를 정해 의견을 나눌 수 나눌 수 있는가?	잘함	알맞은 주제를 정해 토의 절차에 맞게 적절한 근거를 들어 의견을 나눌 수 있다.	실연/ 실기 평가 관찰 평가 자기 평가
	보통	알맞은 주제를 정해 근거를 들어 의견을 나눌 수 있다.	
	노력 요함	알맞은 주제를 정해 근거를 제시하지는 못하지만 의견을 나눌 수 있다.	
전하고 싶은 의미를 담아 기존의 시각 이미지를 바꾸거나 새롭게 만들어 표현할 수 있는가?	잘함	전하고 싶은 의미를 담아 기존의 시각 이미지를 바꾸거나 새롭게 만들어 표현할 수 있다.	실연
	보통	전하고 싶은 의미를 담아 시각 이미지로 간단히 표현할 수 있다.	
	노력 요함	시각 이미지에 의미를 담아 전할 수 있음을 안다.	

대 주제(감사 표현하기)는 교사를 통해 제시되었다. 평가 과제로는 반별 프로젝트 방식 선정, 반별 프로젝트 진행 일정, 프로젝트의 결

과물 심사하기 등은 모둠 및 집단 토의로 해결하였다. 학교 외 개인적인 프로젝트 응모는 학생들끼리 서로 아이디어를 주고받으며 개별 작품의 질을 높여 가는 활동을 하도록 격려하였다. 집단 및 개인별 평가가 병행되었다.

여러 매체를 활용하여 감사의 의미를 표현하도록 하였다. 5학년 7개 반에 지원을 요청하여 각 반의 특성에 맞는 방식을 정하였다. 학생들은 토의 절차를 준수하여 선정하였다. 가족 얼굴 그리기, 선생님 이모티콘 만들기, 가족과 함께 살고 싶은 집 그리기, 가족 액자 만들기, 가족의 어린 시절을 재현하는 '응답하라 어린 시절', 가족사랑 책갈피 만들기, 가족사랑 영상 만들기의 형태로 진행되었다.

각 반에서 정해진 분야를 소개하고 자기 반의 분야를 제외한 다른 반의 도전 분야를 선택하여 작품활동을 하였다. 해당 반에 작품을 제출하고 평가 및 심사한 후 시상을 통해 성취감을 느낄 수 있도록 하였다.

이렇게 수업했어요: (수업 실행과 평가 과정) 문제 알아보기

먼저 최근 아동학대 및 가정 폭력, 부부간의 다툼 및 폭력, 학교에서 일어나고 있는 학생 인권 침해 및 교권 침해에 관련된 문제가 심심치 않게 뉴스에 등장하고 있는 실정을 소개한 후 문제의식을 갖도록 하였다. 학생들은 다양한 상황을 발표하였다. 자신의 경험을 제시하기도 하고, 주변에서 듣게 된 내용을 전달하기도 하였다. 처음에는

가정의 달 공모전

최근 아동학대 및 가정 폭력, 부부간의 다툼 및 폭력, 학교에서 일어나고 있는 학생 인권 침해 및 교권 침해에 관련된 문제가 심심치 않게 뉴스에 등장하고 있다. 이에 사회 다양한 계층에서는 『가정의 달』을 맞이하여 가정의 소중함을 되새겨 보고 우리 사회를 위해 애쓰는 분들에게 감사의 마음을 전하는 다양한 공모전을 전개하고 있다.

식품업계	♣ 가족과 함께했던 기억에 남는 음식과 추억이야기(푸드 에세이 공모전) ♣ 서로 배려하고 소중히 여기는 따뜻한 마음을 표현하는 그림과 의미 표현(텀블러 디자인 공모전)
다문화가족 지원센터	♣ 가족응원메시지를 들고 있는 2세대 이상으로 구성된 가족사진 공모전
지방자치 단체	♣ 지방 명소에서 가족과 함께한 순간 사진 공모전

이제부터 여러분들은 공모전 기획자가 되어 5월 가정의 달을 맞이하여 어린이, 효도, 가족애, 스승과 제자, 부부, 감사 등의 주제로 공모전을 기획해야 합니다. 기획한 공모 아이디어가 채택되면 홍보물을 만들어 5학년 친구들이 참여할 수 있도록 홍보해야 합니다. 참여한 친구들을 대상으로 적합한 심사 기준으로 입상자를 발표하면 공모전 기획자로서의 역할을 다하게 됩니다.

[공모전 제출서류]
1. 가정의 달 공모전 신청서 1부.
2. 신청 후 선정이 되면 해당 공모전 홍보물(4절) 1부.

〈감사 공모전 제안서〉

재미있는 일화를 소개하듯이 말하였다. 하지만 그 속에서 폭력과 인권 침해가 많이 발생하고 있다는 것을 토의를 통해 알게 되었다. 그동안 재미로 웃어 넘겼던 많은 사례들의 심각함을 서로 공유하게 되었다. "선생님, 애들이 엄마 불만을 얘기하는데 주로 패드립(패륜적인 언행)을 많이 해요!", "선생님, 친구들이 웃긴 소문을 만들어서 퍼뜨려요" 등등의 사례가 공유되었다.

학생 주도의 활동 기획

학생들의 자유토의를 통해 집단지성을 발휘하여 여러 활동을 기획하도록 하였다. 가족 및 학교 구성원에 대한 사랑과 감사의 의미를 고취시키기 위한 다양한 활동이 제시되고 기획되었다. 가족 얼굴 그리기, 선생님 이모티콘 만들기, 가족과 살고 싶은 집 그리기, 가족 액자 만들기, 가족의 예전 사진 흉내 내기, 가족 책갈피 만들기, 가족 사랑 동영상 만들기의 활동을 진행하였다.

학생들이 갖고 있는 감사에 대한 인식과 생활 속 감사 표현에 대한 진단 활동을 실시하였다. 학생들은 가족과 주변 사람들에게 점차 말하기 어려운 말로 "사랑해요", "감사해요" 등의 표현을 꼽았다. 이렇게 된 이유는 성장하면서 받는 것을 당연한 것으로 여긴다는 것을 알게 되었다. 또한 '사랑한다'는 표현을 어린 시절에나 하는 것이라고 여기고 있었다. 학생들은 점차 문제의식을 강화할 수 있었고, 진단 활동을 통해 문제를 해결할 수 있는 실마리를 찾는 과정을 경험하였다. 교사는 학생들에게 주입식으로 문제를 인식시키지 않고 다양한 사례를 제시함으로써 학생들이 문제를 스스로 발견할 수 있도록 하였다. 학생들은 각종 일상생활의 문제 및 사회 문제를 경험하면서 단순히 분노나 두려움의 감정을 겪고 넘어가는 것이 아니라 문제의 본질에 대한 인식의 필요성을 느끼게 되었다. 사회적 문제의 본질이 감사 의식의 결여라는 것을 토의를 통해 확인할 수 있었다. 교사는 감사라는 큰 주제만 제시해 주었고, 나머지는 학생의 토의 흐름을 따라가게 되었다. "친구들은 엄마가 자신에 대해 잔소리가 심하거나 하고 싶은 것을 안 해 줄 때, 엄마 욕을 해요"라는 친구의 의견에 "그래도 엄마가 관심이 많으시고 걱정이 되셔서 이야기 하시는데 솔직하게 힘들다고 말씀드리는 건 어떨까? 물론 엄마가 못 해 주시는 것도 있으시겠지만 마음이 안 좋으실 것 같아. 뭐든지 다 해 줄 수 없다는 걸 알면서도 섭섭한 거지? 그동안 우리에게 해 주셨던 걸 너무 당연하게 생각하고 계속 더 좋은 것만 바랐던 건 아닌지 모르겠어." 이러한 토의를 통해 문제의식을 갖게 되었고, 학생들은 새로운 시각을 갖게 되었다.

작품 표현

학생들은 참여 분야를 결정하고 작품 유형을 결정했다. 그리고 그에 적합한 매체 및 방법을 선정하여 작품을 완성하였다. 이를 바탕으로 학생들은 감사의 의미를 되새기고 주변에 있는 감사의 대상에 감사를 다양한 방법으로 표현함으로써 현대 사회에 만연해 있는 문제를 생각해 보고 해결책을 스스로 마련해 볼 수 있었다. 대표적인 활동을 소개해 보면 다음과 같다. 선생님 이모티콘을 만들기를 통해 선생님을 관찰하고 선생님의 장점을 알아보고, 응원하는 메시지를 담았다. 가족 액자 만들기를 통해 가족의 소중한 모습을 찾아보고 가족 액자를 꾸미며 가족과 이야기를 나누는 활동을 하였다. 가족 책갈피 만들기는 가족을 사랑하는 문구를 넣어 항상 소지할 수 있도록 하였다.

학생들의 토의 과정을 관찰 평가 및 상호 평가하였다. 상대방의 의견과 근거를 파악하고, 장단점을 알아본 후 토의 태도까지 서로 점검하였다. 짝토의, 모둠토의, 학급토의로 심화되는 과정에서 교사는 순회하며 관찰 평가를 하였다. 토의 활동에서 인상적인 어린이에 대해 발표하게 함으로써 학생들이 서로에 대한 상호 평가를 진행하도록 하였다. 그 외 아쉬운 점에 대해서도 이야기를 나누게 하였다. 단점을 지적받는 것 같아 상처를 받을 수 있기 때문에 친구들 지목하지 않고 발표하도록 하였다. 이때에도 적절한 근거를 들어 의견을 발표하는지 점검하였다. '의견이 인상적인 친구는 누구인가요? 의견에 대한 적절한 근거를 제시한 친구는 누구인가요? 자료 조사를 열심히 한 친구는 누구인가요? 친구와의 토의에서 아쉬운 점은 무엇인가요?' 등의 평가 관점을 제시해 주고 평가하도록 하였다.

문제 해결 준비 과정의 결과물로서, 기획 단계(공모전 신청서)를 갖고 학생과 개별 면담 및 집단 토의 활동을 하면서 의사 결정과정에 대한 학습과 문제 해결력을 평가하였다.

학생들은 단순한 아이디어 제시뿐만 아니라 공모전의 심사 기준까지 정하기 위해 애썼다. 공모전의 심사기준에는 공모전의 의미를 담고, 공정성을 기하기 위해 노력하였다. 신청서에는 학생들은 공모전 주제(제목), 공모전을 기획한 이유(목적), 응모 분야, 응모 자격, 참여 방법 및 접수처, 제출 자료, 시상 안내, 심사 기준 등이 담겼다. 심사기준은 작품의 전달력(작품만 보고도 내용을 이해할 수 있는가?), 표현력(적절한 재료와 매체를 활용하여 표현하였는가?), 자발성(작품 제작을 스스로 하였는가?) 등을 평가하였고 공정성을 위해 자신이 토의에 참여한 학생은 평가하지 않도록 하였다. 학생 추천으로 심사위원을 선정하여 심사에 임하고 결과는 담임교사와만 공유하도록 하였다.

이후 학생들은 각자의 공모전 준비에 돌입하였다. 학생들의 전반적인 작품 제작 활동을 개인 평가하였으며, 학생들이 의문을 갖고 상호 피드백해 줄 수 있도록 격려하였다. 학생들이 가져오는 여러 분야의 작품을 보고 교사는 큰 틀에서 피드백을 해 주었고, 학생들과 작품의 실행과정을 공유해 나가며 세세하게 자신의 계획을 구체화시켜 나갔다. 학생들은 서로 도움을 주고받으며 협력적인 태도를 견지해 나가는 것을 보았고, 정의적 평가에 반영하였다. 한 번의 작품 제작이 그치는 것이 아니라 자신의 아이디어를 친구들과 이야기를 나누며 수정해 나가는 모습에서 다소 어려움을 겪기도 하였다. 그렇지만 그 과정에서 감사의 의미를 더 진지하게 고민하고 작품으로 표현해 나갈 수 있었다.

결과물 제시와 발표

공동 공간(복도)에 수상작품을 전시하였고 반별로 전시활동을 하였다. 이를 통해 여러 학생들의 작품을 감상하며 간접 학습 효과를 얻었다. 그리고 각 반에 심사위원회 중심으로 다양한 작품을 상호 평가하여 교사와 학생 상호 간, 학생 자신의 평가가 고르게 이루어지도록 하였다. 여러 작품을 가지고 표현력, 자발성, 전달력 등을 평가하였다. 우수 작품은 전시하여 전체 학생들과 공유하고 칭찬하는 시간을 갖도록 하였다. 이후 음악 시간과 연계하여 학생들이 감사의 마음을 담은 노래 부르기 활동을 하였다. 이를 통해 감사의 의미를 다시 한번 음미할 수 있도록 하였다.

수업을 마치며

학생들은 교사 중심으로 주어진 과제가 아닌, 자신의 삶을 표현하였기 때문에 자부심과 성취감을 느낄 수 있었다. 평가에 대한 부담이 있었던 것도 사실이다. 어떻게 기록을 남겨야 할지, 적절한 피드백은 무엇인지 관한 것이었다. 이러한 부담을 교사 개인이 아닌 같은 학년 선생님들과 나누니 훨씬 가벼워졌다. 인원에 상관없이 두 명 이상이면 수업에 대한 고충을 나누기도 하고, 응원해 주기도 하였다. 학생들의 배움의 과정이 각 반마다 매우 다채롭다는 것을 느꼈다. 물론 각 반 담임교사의 역량으로 차이는 있었다고 생각한다. 하지만 그것은 다음 배움의 보완요소로 활용할 수 있었다. 동시에 똑같은 역량을 발휘할 수는 없겠지만 어깨너머로 많은 부분을 채워 나갈 수 있는 소중한 기회였다. 공동의 기획 및 진행 마무리 단계를 거치며 경쟁자가 아닌 동료애, 나아가 동지애를 느껴 볼 수 있었다. 따로 또 같이 서로에게 의지가 되고 자극이 되는 프로젝트는 지금도 구상되고 진행되고 있다.

수업 과정에서 학생과 함께 토의하고 토론하면서 과제를 해결했다. 내가 다 알려줘야 한다는 부담을 조금 벗고 배움의 주체를 학생에게 두고 학생이 필요로 하는 것을 관찰하며 도와주려고 노력해 보았다. 이런 작은 변화가 내게 알려 준 것은 '학생은 할 줄 안다', '학생은 자신이 하고 싶도록 하게 해 주면 내가 기대한 이상을 해 준다'이다. 학생의 활동을 보며 오늘도 감탄을 한다. 자신의 배움을 위해 애쓰는 아이들을 보며, 나의 수업을 좀 더 성찰하고 있다.

우리 반 친구들은 서로의 생각을 이해하고 공유하면서 친구에 대해 더 많이 이해할 수 있었다. 아이디어를 나누고 크고 작은 도움을 주고받으며 우정을 쌓아 갈 수 있었다. 상대방의 의견을 경청해야 함을 알게 되었다. 적절한 방법으로 조언하는 법도 배울 수 있었다. 대화하다 다투게 되기도 했지만 어떻게 반응했을 때 다투게 되었고, 다른 해결 방법은 없는지 고민해 볼 수 있었다.

존중이 바탕 되는 토의는 차이를 넘어 더 큰 지혜(집단지성)를 얻을 수 있다는 깨달음을 같은 학년 선생님들, 나, 학생 모두 체감할 수 있는 소중한 시간이었다.

변화하는 학생, 변화하는 평가

평가는 학생을 이해하는 출발점

학생의 성장을 위한 평가는 학생의 삶을 이해하는 것이 출발점이라고 생각한다. 궁금했다. 학생이 무엇을 생각하고 있는지, 무엇을 보고 있는지, 무엇을 듣고 있는지, 무엇을 알고 싶은지. 학생들에게 물음을 던지게 되었고 물음에 대한 답들과 학생들과의 소통 과정을 수업과 평가 속에 녹여 내고 싶었다.

매일 아침 3줄 쓰기를 통해 학생들과 소통한다. 때로는 가벼운 주제로, 때로는 수업 내용과 관계된 내용으로 매일 아침 10분이라는 시간 동안에 자기 생각을 기록한다. 학생들에게 계속해서 질문하고 들었다. 처음에 학생들은 단순하고 일반적인 이야기를 나열하는 정도였지만, 학생들은 점점 자기 삶과 관련된 이야기를 꺼내기 시작했다. 이 소통의 과정에서 학생의 삶의 일부분으로 자리매김한 유튜브를 간과할 수 없었다. 어떤 유튜브를 시청하는지, 시청하는 이유는 무엇인지, 하루에 얼마나 시청하는지 이야기를 나눴다. 함께 이야기를 나누다 보니 학생들에게 적합하지 않은 내용, 불확실한 정보, 자극적인 섬네일 등이 별다른 필터 없이 노출되고 있었다. 심심할 때 그냥 재미로 시청하는 유튜브에 학생들은 이미 깊이 젖어 있었다. 보지 말라고 한다고 못 보게 막을 수 있을까? 긍정적인 부분도 있었다. 본인이 좋아하고 관심 있는 것들을 찾아보고, 그것을 통해 알아가고 배우는 학생들의 모습에서 유튜브가 또 다른 하나의 선생님인 '유선생'으로서의 역할을 하는 경우다.

학생들을 알아 갈수록 학생들의 더 많은 생각을 알고 싶었다. 그래서 질문하기로 했다. 학생들이 원하는 평가, 학생들이 생각하는 평

〈평가에 대한 학생들의 생각〉

학생 1	내가 잘하는지 확인하는 것 같다. 왜냐하면 내가 잘 배웠는지 확인하고 생각해서 정답을 맞히는 것 같다. 그리고 긴장이 되기도 하고 어떤 점수가 나올지 설레기도 한다.
학생 2	평가에 대해서 드는 생각은 시험입니다. 왜냐하면 시험은 문제를 풀고 나서 채점을 할 때 평가하는 기분이 들어서 심장이 두근두근하고 긴장되며 떨리기도 해서 평가에 대해서 드는 생각은 시험이었습니다. 이상입니다.
학생 3	시험 점수를 매기는 것 같아 상상만 해도 긴장이 되고 점수가 어떻게 나올지 너무 설레고 기대가 되는 그런 느낌도 들고 '점수가 낮게 나오면 어떡하지?'라는 걱정도 있고 수행평가라는 단어도 생각나서 평가할 때 성급해지는 것 같습니다.

학생 4	공부를 어느 정도 했는지 자신의 실력을 알아볼 때 평가라는 말을 쓰는 것 같고, 또 고등학교 3학년 때 시험을 봐서 어느 대학교에 갈지 시험을 보는 것이 평가인 것 같습니다. 그리고 평가한다는 말을 들을 때 가슴이 두근거리고 걱정스러운 마음이 있는 것 같습니다.
학생 5	나는 평가에 대해 두 가지의 생각이 든다. 나의 실력이나 시험지를 나보다 실력이 높은 사람이 평가해 준다면 괜찮다고 생각하지만 나와 비슷한 사람이 나를 평가하는 것은 싫다고 생각한다. 왜냐면 나보다 실력이 높은 사람은 나보다 실력이 높으니까 내가 고쳐야 할 것을 잘 알려 주기 때문에 괜찮다고 본다. 하지만 나보다 실력이 높은 사람이 나를 (못한다고) 놀리거나 그러진 않았으면 좋겠다. 그러니까 실력이 좋은 사람은 실력이 좋은 만큼 태도가 좋았으면 한다. 그리고 나와 비슷한 사람이 평가하는 것은 잘난 척하는 것 같고 그 사람도 실력이 안 좋으면서 나보고 고치라고 그러는 것이 싫다고 본다.

가는 무엇일까? 학생들은 대부분 평가를 시험이라고 생각하고 있었다. 가슴이 떨리고 긴장된다고도 했다.

학생의 성장을 위한 평가를 추구하고 있지만, 학생들에겐 아직 큰 의미가 없어 보였다. 평가의 패러다임이 바뀌고 있다고 하지만 학생들에게 평가는 여전히 시험이었다. 어떻게 평가해야 할까? 학생들과의 소통, 학생들의 모습을 떠올려 본다.

학생들은 어릴 때부터 디지털기기와 인터넷을 접해 왔다. 새로운 것에 두려움을 느끼기보다 호기심을 보이고 문자, 텍스트보다 이미지, 영상에 관심을 두고 흥미를 느낀다. 가정, 학교 외에 정보를 얻거나 시간을 보내는 것은 인터넷이라는 가상 공간이 꽤 차지한다. 특히 유튜브는 떼려야 뗄 수 없는 그들의 삶의 일부분이 되어 있다. 이러한 이유로 미디어 리터러시 역량을 길러 미디어와 콘텐츠를 유의미하게 활용하고 즐길 수 있도록 도와주고 싶었고 그 과정에서 수업과 평가를 계획해 보기로 했다.

학생들의 삶 속에서 찾은 수업과 평가

학생들은 미디어 콘텐츠를 읽으며 콘텐츠에 담긴 의도를 파악하고 이해하는 활동을 한다. 이를 통해 미디어 콘텐츠를 비판적으로 바라보고 판단할 수 있는 힘을 키울 수 있을 것이다. 읽는 것만으로는 부족하다. 수많은 미디어 콘텐츠를 다 읽어 볼 수도 없을뿐더러, 그만큼 시간을 할애하기에는 현실적인 어려움이 따른다. 이에 학생들은 미디어 콘텐츠를 직접 생산하는 활동을 한다. 학생 스스로 계획, 제작, 평가까지 일련의 과정을 거치고 나면 단순히 재미있는 부분만을 찾지는 않을 것이다. 주제와 관련이 있는 부분, 미처 생각하지 못한 부분, 이를 통해 콘텐츠를 보며 의도를 생각하기 시작하는 모습을 보일 것이다. 이러한 과정은 학생들이 미디어 소비자에서 생산자가 되고, 다시 생산자에서 소비자가 되는 경험을 할 수 있다. 제작한 미디어 콘텐츠를 친구들과 함께 읽는다. 자신의 콘텐츠에서 부족한 점, 잘된 점, 친구의 콘텐츠에서 배울 점 등을 스스로 찾아본다. 평가와 피드백 과정을 거쳐 최종 완성된 미디어 콘텐츠를 다양한 방법으로 공유한다. 학생들이 제작한 미디어 콘텐츠는, 또 하나의 유선생이 되어 누군가에게 정보를 제공해 주거나 궁금증을 풀어 줄 수 있을 것이다. 학생들 삶의 일부분인 미디어 콘텐츠가 담겨 있는 수업과 평가를 프로젝트로 구성해 봤다. 미디어 콘텐츠가 만들어지는 과정 속의 주요 수업과 평가 장면을 이야기하고자 한다.

유선생이 된 학생 모습에서 찾은 평가 장면 1

〈성취기준〉

[6도01-01] 감정과 욕구를 조절하지 못해 나타날 수 있는 결과를 도덕적으로 상상해 보고, 올바르게 자신의 감정을 조절하고 표현할 수 있는 방법을 습관화한다.

① 다양한 감정과 욕구는 무엇이며, 이를 조절하고 적절하게 표현하는 것이 왜 중요할까?

② 대상과 상황에 따라 어떻게 하면 자신의 감정과 욕구를 적절하게 조절하고 표현할 수 있을까?

도덕적 상상력이란 도덕적 문제 상황에서 자신의 행동이 나와 다른 사람에게 어떤 영향을 미칠지 상상해 볼 수 있는 능력이다. 이 성취기준에서는 학생들의 생활 속에서 감정과 욕구를 조절하지 못하는 상황을 발견하고 이 문제를 어떻게 해결해야 할지, 그 결과가 어떻게 나타날지를 다양하게 그려 보는 것이 중요하다.

문득 우리 반 학생들이 자기감정을 표현할 때 친구의 입장을 고려하지 않고 함부로 대하거나, 자기감정을 표현하는 것을 어려워하는 모습이 보였는데 이 상황을 평가 과제와 연결하면 좋겠다는 생각이 들었다. 감정이 표현되는 다양한 상황을 제시하고 다른 사람의 행동에 따라 어떤 결과가 나오는지, 어떻게 표현하는 것이 적절한지를 판단하여 '언어의 힘'을 주제로 공익광고를 제작하는 평가 과제를 제시했다. 우리 5학년은 6명의 학생이 있기에 3명씩 한 모둠이 되어 공익광고 제작 프로젝트 활동을 했다. 의사소통 과정에서 학생들이 자기 감정을 올바르게 표현하는지, 자기감정을 표현할 수 있는지를 평가 장면으로 계획했다. 의사소통 과정에서 학생들이 보이는 말과 행동을 관찰하려고 했다.

주제를 공익광고로 제작하는 목적은 학생들이 여러 수업에서도 다양한 공익광고를 접하고 있으나 그 의도를 파악하지 못할 때가 있다. 이에 학생들이 공익광고에 자신의 의도를 담아 주제를 표현하며

	활동	평가 내용	평가 방법
활동 1	① 감정과 욕구를 조절하지 못하고 표현하면 나타날 수 있는 결과를 그림으로 나타내기 ② 감정과 욕구를 조절하여 표현하면 나타날 수 있는 결과를 그림 나타내기	감정과 욕구를 조절하여 표현하는 것의 중요성 이해할 수 있는가	관찰 평가
활동 2	① 감정과 욕구를 조절하지 못하고 표현하는 상황극 하기 ② 감정과 욕구를 조절하여 표현하는 상황극 하기 ③ 감정과 욕구를 조절하여 표현하는 말과 행동 발표하기	감정과 욕구를 조절하여 표현하는 방법을 이해하고 상황에 따라 실천할 수 있는가	자기 평가 관찰 평기
활동 3	'언어의 힘'을 주제로 공익광고 만들기	감정과 욕구를 조절하여 표현하는 방법을 이해하고 실생활에서 실천할 수 있는가	상호 평가 관찰 평가

광고를 읽어 내는 능력을 길러주고 싶었다.

평가과제는 언어가 감정과 행동에 영향을 끼친다는 것을 알고 상황에 따라 적절하게 감정을 조절하고 표현하는 것이 핵심이다. 첫 번째 활동은 모둠별로 감정과 욕구를 조절하지 못해 나타날 수 있는 결과를 이야기하여 간단하게 그림으로 나타냈다. 이어 감정과 욕구를 조절하였다면 어떠한 결과가 나타날지, 어떻게 표현할 수 있을지 모둠별로 이야기를 나눠 간단하게 그림으로 나타냈다.

학생들은 복도에서 지나가는 친구가 나와 부딪히고 사과를 하지 않는 상황에서 감정과 욕구를 조절하지 않고 표현한다면 '화를 낼 것이다', '친구와 싸울 것 같다', '짜증 나!', '사과도 안 하냐?'와 같은 말을 할 것이라고 이야기를 했다. 감정과 욕구를 조절하여 표현한다면 '괜찮아, 너는 괜찮니?', '나는 네가 부딪히고 사과를 하지 않아서 기분이 나빠, 다음에는 이런 일이 있을 때 사과를 해 주었으면 좋겠어'와 같은 말을 할 것이라고 이야기를 했다. 이외에도 친구가 나의 미술작품을 망가뜨리고 사과를 하지 않았을 때, 나를 보며 친구들이 웃고 있는 상황에 대해서도 이야기를 나누고 그림으로 나타내 보았다.

두 번째 활동에서는 그림에 필요한 말과 행동을 적어 스토리보드를 자세하게 만든 후 이를 보고 상황극을 해 보았다. 상황극이 학생들을 몰입시키는 데 도움이 될 것이라고 생각하여 활동을 진행했다. 감정과 욕구를 조절하지 않고 표현할 때에는 첫 번째 활동에서처럼 '짜증 나!', '사과도 안 하냐?'와 같은 말을 하면서 실감 나게 표정 연기를 하며 상황극을 펼쳤다. 상황극 후에는 '선생님, 정말 기분이 나빠요' 하는 학생도 있었다. 감정과 욕구를 조절하여 표현하는 상황에서는 여러 번 상황극을 진행하여 어떠한 말과 행동이 감정과 욕구를 잘 조절하여 표현하는 것인지에 대해서도 이야기를 나누었다.

세 번째 활동은 완성된 스토리보드를 바탕으로 영상 촬영 및 편집을 하여 함께 공유하는 시간을 가졌다. 공익광고를 통해 어떠한 의도를 담으려고 했는지, 공익광고 프로젝트를 진행하면서 어떠한 점이 어려웠는지 질문했다. 학생들은 공익광고를 통해 전하려고 하는 메시지가 막상 영상으로 촬영하니 의도가 제대로 나타나지 않는 것 같아 아쉬움이 있다고 하였다. 공익광고를 만들어 보는 활동을 통해 감정과 욕구를 조절하여 표현하는 것이 중요한 일임을 이해하게 되었다고 이야기했다.

공익광고 프로젝트가 끝난 후 다음 차시에서는 '마음 신호등 3단계' 멈추기-생각하기-표현하기를 활용해 감정과 욕구를 적절히 조절하고 표현하는 방법을 연습해 보게 했다. 마음 신호등 3단계에 대해 학습을 할 때, 한 모둠은 '어! 우리가 만든 공익광고랑 같네'라는 반응을 보였다. 그 모둠이 만든 공익광고는 '말 신호등'이라는 내용이었다. '마음 신호등 3단계'를 학습하기 전에 해당 모둠의 공익광고를 동기유발로 활용을 했다. 그 모둠은 수업 내내 뿌듯해하는 모습을 보였다. 이러한 모습에서 학습 내용을 구성해 나가는 학생들의 모습을 찾아볼 수가 있었다. 무엇을 배우고 싶은지, 무엇을 배울지 등을 함께 만들어 나갈 수 있을 것이라는 가능성을 보았다.

프로젝트로 수업하고 평가하는 것은 학생들의 다양한 모습을 관찰하고 평가할 수 있다는 점에서 의미가 있었다. 평소 수업에서 놓치고 있던 학생이 보여 주는 배움의 장면을 학생의 눈높이에서 관찰할 수 있기에 더욱 다양한 모습을 볼 수 있는 것이 아닐까. 다만 계속해서 고민해야 할 것은 프로젝트 진행 단계별로 학생의 어떠한 모습을 관찰하고 평가할 것인가이다. 프로젝트 수업을 진행하면 학생들은 다른 수업보다 흥미 있게 열의를 갖고 수업에 참여하는 모습을 보여 준다. 그러한 학생들의 모습에 휩쓸려가지 않도록 평가 장면을 구체화하는 것이 필요하다. 더 나아가 프로젝트 수업을 할 때 하나의 프로젝트로 끝나는 것이 아니라 다른 수업 혹은 다른 프로젝트로 연계되거나 연결고리를 만들어 내고 싶다. 더 나아가서는 학생의 삶에도 연결될 수 있도록 말이다. 평가는 다시 수업으로, 수업은 다시 학생의 삶으로….

유선생이 된 학생 모습에서 찾은 평가 장면 2

〈성취기준〉
[6미02-05] 다양한 표현 방법의 특징과 과정을 탐색하여 활용할 수 있다.

2021학년도 3월 셋째 주 어느 날, 교실에서 다 같이 창밖을 바라보다 학생들에게 질문을 던졌다.

교사 이제는 봄이 오는 소리가 들리니? 봄이 오는 것이 느껴지니? 작년 봄은 어땠니?

학생 작년 봄은 기억이 나질 않아요. 코로나 때문에 잘 모르겠어요.

작년의 잃어버린 봄을 찾아 줄 수는 없었다. 그리고 또 물었다.

교사 여러분 기억 속에 봄은 어땠나요?

새싹, 파릇파릇, 개나리, 벚꽃, 봄과 관련된 노래 등등 다양한 답변이 나온다.

교사 그럼 2021학년도 우리가 만난 봄을 남겨 보자!

잃어버린 봄에 관해 이야기를 나누다 보니 다양한 표현 방법을 활용하여 봄을 표현해 보면 좋겠다는 생각이 들었다. 봄을 표현하는 방법으로는 사진을 선택했다. 먼저 여러 기법을 활용하여 찍은 사진을 감상했다. 두 번째로는 같은 주제 또는 제목의 사진을 감상했다. 작품을 감상하며 어떠한 방법으로 찍었는지 생각해 보고, 같은 주제나 제목이라도 기법에 따라 작가에 따라 완전히 다른 작품이 될 수 있다는 것을 느껴봤다. 그러고는 물었다. 여러분은 봄의 어떤 모습을 사진에 담고 싶은가요? 그중 인상적인 답은 '봄의 하늘과 구름이요' 였다. 그 학생은 학기 초부터 하늘과 구름 보는 것을 좋아한다고 말하는 학생이었다. 개인적으로도 봄의 하늘을 떠올려 본 적이 있나 싶다. 학생이 담고 싶은, 학생의 시선에서 보이는 봄의 모습을 남겼으면 좋겠다는 생각이 들었다. 그래서 다양한 방법을 활용하여 재미있는 사진을 찍어 봄을 표현하는 수행과제를 주었다.

스마트패드를 활용하여 다양한 사진 촬영 방법을 교실에서 연습해 봤다. 이후 교실 밖으로 나가 봄을 주제로 재미있는 사진찍기, 사진틀을 활용하여 사진찍기, 협동하여 사진찍기 등의 활동을 했다.

사진을 찍는 방법을 배우고 우리가 추억할 수 있는 봄을 담은 사진을 남겼지만 아쉬움이 남았다. 다양한 방법으로 작품을 시각화할 수 있는 능력, 자신의 작품을 설명할 수 있는 능력을 기르는 것에 중점을 두고 아이들이 찍은 사진들을 쓸모 있게 이용하면 좋겠다는 생각이 들었다.

봄의 기운을 좀 더 느낄 수 있도록 봄과 관련된 노래도 선정하고 자신이 찍은 사진을 활용하여 뮤직비디오까지 제작했다. 처음에 학생들은 내가 할 수 있을까란 걱정을 했으나 뮤직비디오를 제작한 후에는 어렵지 않았고 다음에는 영상을 이용하여 뮤직비디오를 만들어 보고 싶다고 이야기했다. 제작에서 그치지 않고 다양한 방법으로 공유했다. 학급밴드에는 영상으로 게시했고, 찍은 사진과 제작한 뮤직비디오는 디지털 액자에 담아 교실과 복도에 전시했다.

학생들은 다양한 방법으로 사진을 찍는 활동에 적극적으로 참여했다. 찍은 사진을 보며 감탄하며 칭찬하는 모습, 깔깔깔 웃는 모습을 볼 수 있었다. 뮤직비디오를 전시하여 다른 학년의 학생들도 볼 수 있도록 했다. 자신의 작품을 관람하는 다른 학년 학생들을 보며 뿌듯해하는 모습도 볼 수 있었다. 사진을 찍는 수업으로 그쳤다면 학생들이 뿌듯함까지 느낄 수 있었을까 생각해 본다.

뮤직비디오를 제작한 의도는 학생들 자신이 미디어 콘텐츠의 소비자일 뿐만 아니라 생산자도 될 수 있음을 알게 해 주고 싶었다. 미디어 콘텐츠를 제작하는 일련의 과정을 경험해 봄으로써 학생 본인이 접하는 유튜브의 영상들도 비슷한 과정을 통해 만들어지는 것이라고 생각해 보기를 바랐다. 이 과정을 반복적으로 경험한다면 유튜브의 콘텐츠들을 있는 그대로 받아들이는 것이 아닌 비판적으로 읽어내는 능력을 길러 줄 수 있을 것이다.

디지털 도구를 활용한 평가와 기록

아침 활동이나 수업시간에 공유문서 도구를 활용하고 있다. 공유문서 도구는 학생들이 계정이 없더라도 교사가 QR코드만 제공해 주면 쉽게 접속할 수 있다. (계정 없이 사용은 가능하나 익명으로 접속이 된다. 글의 제목 또는 내용에 자신의 이름을 적어 게시하도록 안내하면 공유문서의 관리가 쉽다.) 가상의 게시판에 글, 그림, 사진, 영상 등과 같은 콘텐츠를 게시할 수 있으며, 실시간으로 확인할 수 있다. 학생들은 기본적인 사용 방법을 익히는 것부터 시작했지만 1~2주 동안에 금방 익숙해졌고 알려 주지 않는 것까지 스스로 습득했다. 교사도 유용하게 활용하고 아이들도 충분히 능숙하게 사용할 수 있을 때 공유문서 도구를 평가에 활용해 보면 좋겠다는 생각이 들었다.

평가 기록은 쉽지 않다. 어렵다. 나름 평가 결과를 꼼꼼하게 기록하고 있다고 생각하지만 놓치는 것들이 많다. 공유문서도구를 평가 기록 도구로 활용한다면 교사가 놓칠 수 있는 내용까지 기록으로 남길 수 있다. 그 기록을 학생들의 평가에 유용하게 활용할 수 있다.

처음에는 동료 평가부터 해 보았다. 미술 시간에 '조형 원리를 이해하고 특징을 살려 표현하기' 활동 후 자기 작품을 촬영하여 사진으로 공유문서도구에 업로드했다. 친구의 작품을 감상하고 작품에 댓글을 달아 평가하기로 계획했다.

학생 선생님 이름 써요? 아니면 익명으로 해요?

교사 어떻게 하는 게 친구의 작품을 잘 평가할 수 있겠니?

학생 (다같이) 익명이요!

평가 기준 조형 원리 2가지 이상을 사용하여 표현할 것, 조형 원리에 어울리는 재료를 사용하여 창의적으로 표현할 것.

평가 기준을 확인하고 학생들은 미술 비평가가 된 듯 집중하여 친구의 작품을 보며 저마다 1~2줄씩의 평가를 써 내려간다. 6명의 학생이 익명으로 쓴다고 하더라도, 누가 누군지 알기도 하고, 또 쓰면서 이야기를 하기도 한다. 그래도 학생들은 익명의 힘을 빌려 "이 작품은 반복이 느껴지고 마치 퍼즐 조각처럼 재미있게 표현했어", "이 작품은 대칭, 반복 그리고 강조가 잘 나타났어"라고 진솔한 평가를 해 나간다.

공유문서도구를 활용하여 평가할 때는 평가를 준비하는 시간이 줄어든다는 장점이 있다. 활동지, 포스트잇, 스티커 등 부가적인 것들을 준비하지 않아도 된다. 대신 그 시간에는 평가 기준에 따라 어떠한 관점으로 친구의 작품을 감상해야 할지, 평가해야 할지에 대해 충분히 안내할 수 있다. 이에 학생들도 충분한 시간 동안 친구의 작품을 감상하고 평가를 할 수 있다. 또한 학생들의 작품과 동료 평가 결과까지 일련의 과정을 기록으로 남길 수 있어 교사가 활용하기에 유용하다.

'유선생'이 된 학생들과 함께하며

평가에 대한 고민으로 학생들과 소통하고 학생들의 삶을 들여다보게 되었다. 이 과정에서 유튜브라는 미디어 콘텐츠가 학생들 삶의 일부분을 차지하고 있다는 것을 알게 되었다. 긍정적인 요소를 강화하고 부정적인 요소를 줄여가며 학생들이 미디어 콘텐츠를 올바르게 활용하기를 바랐다. 이에 미디어 리터러시 능력을 기르는 데 도움을 주며 그 과정을 일부 수업과 평가로 실천해 봤다. 일련의 과정을 거치며 학생들은 자신의 의도를 담아 내기 위해 노력하는 모습을 보여 줬다. 그리고 계속해서 소통을 하며 적극적으로 수업에 참여하는 모습을 보여 줬다. 그리고 하나의 프로젝트가 끝나 갈 때면 다음 미디어 콘텐츠, 다음 프로젝트에 대한 이야기를 학생들끼리 나눈다. 그러한 모습을 관찰하고 평가하면서 학생들은 서로 '유선생'의 역할을 하고 있다고 생각된다. 그래도 평가에 대한 고민은 사라지지 않는다. 그저 계속해서 학생들과 소통하고 학생들의 삶에서 찾아 학생의 성장을 지원하는 수업과 평가를 계획하여 실천하고 싶다.

관찰에서 시작되는 학교생활기록부 기재

관찰기록, 수행평가 결과 활용과 통지

학교생활기록부는 학교에서 학생들이 무엇을 어떻게 얼마만큼 배웠는지 알 수 있는 자료 중 하나이다. 학교생활기록부를 학생의 배움과 성장, 변화된 모습을 기록한 자료라고도 이야기한다. 중등에서의 학교생활기록부는 종합전형에서 중요한 입시자료로 활용되고 있다. 이에 반하여 초등에서의 학교생활기록부는 많이 활용되고 있지 않아 그 중요성을 간과하는 경우가 있다. '초등에서 학교생활기록부를 꼭 기록해야만 하는 것일까?'라는 생각이 들기도 한다.

교사는 교육과정을 계획하고 학습상황을 만들어 내면서 학생들에게 가르친 것을 평가한다. 이러한 모든 교육 활동 과정 속에서 학생을 관찰하고 발견하고 기록하고 있다. 학생이 성장하면서 보여주는 모습을 관찰하고 기록한 것이 바로 평가 결과이고 이것이 학교생활 기록부의 기초 자료가 된다. 교사들은 각자의 방식으로 한 해를 기록한다. 그것이 사소해 보이는 연습장이라 해도 아이들의 관찰 기록을 게을리하지 않는다. 그 기록 내용은 학생이 학교에서 보인 행동의 극히 일부더라도 의미를 갖고 기록에 접근해야 한다. 우리는 학생들이 평가 기준에 도달했는지 여부만을 중요하게 생각하는 경향이 있다. 물론 결과도 중요하지만 과정을 간과해서는 안 된다.

올해는 태블릿PC에 앱을 사용하여 학생들의 다양한 모습과 나의 업무 관련 내용을 기록하고 있다. 기록 앱을 활용하니 순간을 포착하여 사진이나 이미지로 저장하기 쉽고 공유 및 관리가 편리하다. 학생들을 평가할 때의 유용함은 말할 필요도 없다. 학생들을 관찰한 자료를 모으기 수월하고 모은 자료를 바탕으로 피드백도 다양하게 할 수 있다. 앱에 기록된 나의 교육과정 운영 모습과 수업을 되돌아보며 부족한 부분은 보충하고 더 나은 활동을 준비할 수도 있었다.

학생들에게 집중하여 꼼꼼하게 기록을 하려다 보니 자세히 관찰하기 위해 노력하게 되었고 기록이 학생들을 위해 꼭 필요한 것임을 알게 되었다. 교사별 평가를 실천하면서 학생이 성장하는 모습을 기록하고 이를 학교생활기록부 기재까지 연결해 보고자 한다. 평소엔 사소한 것까지도 관찰하지만 나의 기록 실천 사례는 학생들의 일상적인 면을 집중하기보다는 학습적인 면을 조금 더 강조한 기록이다. 평가와 관련시켜 학생의 배움과 성장을 확인해야 했기에 여기서는 계획된 관찰과 기록만을 다루기로 했다.

교육과정 분석과 수행과제 만들기

우리 학교는 읍면 단위의 27학급 학교이다. 3학년은 5개 학급으로 구성되어 있으며 한 반에 21명의 학생들이 공부하고 있다. 읍면 단위 학교치고는 큰 규모로 특히나 학급당 학생수가 많기 때문에 기록을 실천하고자 했을 때는 자신이 없었다. 하지만 동학년이 있기에 교육과정분석 및 계획을 함께할 수 있었고 만들어 가는 교육과정을 실천하고 서로 믿고 의지하며 같이 운영할 수 있었다. 물론 관찰과 기록의 실천은 각자가 할 몫이므로 '시작이 반이다'라는 생각으로 시작하게 되었다.

사회과 교과목의 이 단원을 기록하고자 했던 이유는 3학년이 우리 고장에 대해 알고 그 속의 나를 생각하기 시작하는 시기이므로 사회의 구성원으로 융합해 가는 모습을 기대하고 나름 중요한 단원이라는 교사의 판단에서다.

3학년 1학기 사회과 2단원 '우리가 알아보는 고장 이야기'의 성취기준은 다음과 같다.

[4사01-03] 고장과 관련된 옛이야기를 통하여 고장의 역사적인 유래와 특징을 설명한다.
[4사01-04] 고장에 전해 내려오는 대표적인 문화유산을 살펴보고 고장에 대한 자긍심을 기른다.

이 단원은 고장과 관련된 옛이야기나 문화유산을 통해 역사적인 유래와 특징을 파악하면서 우리 고장에 대한 이해와 자긍심을 높이

는 것을 목표로 하고 있다. 이 성취기준을 좀 더 들여다보면 고장과 관련된 옛이야기와 문화유산에 대해 알 수 있어야 한다. 알게 된 옛 이야기나 문화유산을 통하여 우리 고장만의 역사적인 유래와 특징을 설명할 수 있어야 하고 나아가 고장에 대한 자긍심을 길러야 한다. 여기서 지식적인 부분 '우리 고장의 옛이야기'나 '고장에 내려오는 문화유산'은 조사 활동을 통하여 알게 하고 설명하기라는 기능적인 부분을 익히기 위해 우리 고장의 옛이야기와 문화유산 안내도를 만들어 조사한 내용을 발표해 보기로 했다. 이러한 안내도를 만들어 발표하면서 태도 면인 '고장에 대한 자긍심'도 기르고자 했다. 이러한 교육목표를 달성하기 위해 수행과제를 만들어 보았다.

〈수행과제〉

여러분은 우리 고장 영월의 유래와 문화유산 등을 설명해 주는 문화해설사입니다. 우리 고장에서 내려오는 지명과 관련된 옛이야기나 문화유산 등을 알아보고 그 내용을 관광객들이 이해하기 쉽게 알려 주고자 합니다. 우리 고장의 옛이야기와 문화유산, 그리고 역사적인 유래 등을 조사하고 영월 안내도를 만들어 봅시다.

수행과제는 성취기준과 평가요소에 근거해야 하며 내가 가르치는 학생 상황에 맞게 제작되어야 한다. 우리 고장에는 전해 내려오는 옛 이야기가 풍부하며 단종과 관련된 문화유산이 많다. 개인 조사 활동이 가능하도록 태블릿PC가 충분히 마련되어 있어 교실에서도 쉽게 개인 조사 활동을 할 수 있다.

채점기준표 만들기

이 단원은 고장에 전해 내려오는 옛이야기로 고장의 역사적인 유래와 특징을 설명하고자 하므로 평가요소는 고장의 지명에 관련된 옛이야기 인지의 적절성, 유래와 특징에 대해 조사한 자료의 타당성, 안내도의 완성도로 보고 채점기준표를 다음과 같이 만들어 보았다.

채점기준표 예시 : 고장과 관련된 옛이야기를 조사하고
고장의 역사적인 유래와 특징 설명하기

수준 평가 요소	잘함	보통	노력요함
내용의 적절성	알려 주고자 하는 우리 고장의 지명에서 전해 내려오는 옛이야기를 명확히 설명함	알려 주고자 하는 우리 고장의 지명에서 전해 내려오는 옛이야기에서 내용이 조금 부족함	알려 주고자 하는 내용이 부적합함
자료해석의 타당성	조사한 옛이야기가 우리 고장의 지명과 문화유산에 관련성이 높음	조사한 옛이야기가 우리 고장의 지명과 문화유산에 관련성이 낮음	조사한 자료가 우리 고장의 지명과 문화유산과 관련성이 없음
결과물의 완성도	알려 주려는 내용을 명확하고 명쾌하게 제시함	알려 주려는 내용을 비교적 정확하게 제시함	알려 주려는 내용이 부족함

수행과제를 학생들이 해결해 나갈 때 학생에게서 관찰할 수 있는 모습들이 학습목표에 부합된 것인지를 명확히 판단하여 학생의 도

달 수준을 파악하기 위하여 채점기준표를 활용해 보았다. '고장의 지명과 관련된 옛이야기와 문화유산 조사'와 '고장의 역사적인 유래와 특징을 자료를 바탕으로 설명하기' 이 두 가지 측면을 고려하여 채점기준표를 작성하였다.

수업 설계하기

이 단원의 학습목표는 고장과 관련된 옛이야기나 문화유산을 통해 역사적인 유래와 특징을 파악하면서 고장에 대한 이해와 자긍심을 높이기 위함이다. 차시 수업은 다음과 같이 계획하였다.

학생들은 자신이 살고 있는 지역에 대해 소개하고 싶은 장소나 알고 있는 장소 살펴보기(진단 활동), 수행과제 확인하기, 고장에서 내려오는 옛이야기나 고장의 문화유산 등을 알아보고 설명할 자료를 만들기 위해서는 조사 활동이 필요하므로 조사 방법 및 종류 알아보기, 고장 안내도 만들기, 자신이 조사한 내용을 문화해설사가 되어 설명하기, 이와 같은 활동 등을 마치면서 소감 발표하기 등으로 구성했다.

진단 활동 및 수업 평가의 기록

학생들의 교육 활동 중 관찰된 기록들은 개인마다 정리하였다. 즉, 학생 개인마다 과목, 단원, 성취기준에 맞게 계획된 평가내용들을 열거

하고 수행과제를 어떻게 해결해 나가고 있는지 기록한 것이다(그림 1). 만약 학생 명렬표에 수행과제 점수만을 기록한다면 한 단원 내에서 연결되는 배움의 흐름을 놓칠 수 있기 때문이다.

3학년 1학기 사회과 2단원 '우리가 알아보는 고장 이야기'의 진단 활동은 2학년 '통합교과'에서 배우는 '동네'의 개념을 확장하여 고장에 대해 알고 있는 내용이 어느 정도인가를 파악해 보는 활동을 했다. '우리 고장 영월에 대해 알고 있는 장소, 그리고 다른 사람들에게 소개하고 싶은 장소' 등을 묻는 방법으로 진단 활동을 실시하였다. 이 진단 활동은 이 단원의 수업이 모두 종료되었을 때 우리 고장에 대해 얼마나 알게 되었는지 어떠한 자긍심을 갖게 되었는지 알 수 있는 자료가 될 것이다.

학생들은 예상대로 영월의 대표적인 관광지나 행사에 대해서는 잘 알고 있었으나 고장의 역사나 유래에 대해서는 많이 알고 있지 못했다. 진단 활동은 '학생이 자신이 살고 있는 지역에 대해 얼마나 알고 있는가'를 알아보는 활동이었다.

진단 활동으로 영월에 대해 알고 있는 장소를 생각그물로 나타내기를 했고 〈그림 1〉은 학생이 쓴 내용을 기록해 둔 것이다. 채점기준표에 동그라미 되어 있는 부분은 옛이야기의 중요성과 다양한 옛이야기에 담긴 고장의 모습을 알아본 후 이 단원의 핵심 수행평가인 '고장과 관련된 옛이야기를 조사하고 고장의 역사적인 유래와 특징 설명하기'의 수행 정도를 표시한 것이다.

앞에서 옛이야기의 중요성 알아보기, 옛이야기로 생활 모습 짐작

![수 행 평 가 기 록 (사회 2단원)]

번호	이름	영월에 대해 알고 있는 장소 소개하고 싶은 장소	영월의 지명과 관련된 옛 이야기 조사하기				지명과 관련된 옛이야기 안내도 내용	관찰기록
1	강ㅇㅇ	정양, 창령포, 선돌	평가요소 \ 수준	매우 잘함	잘함	노력요함		
			내용의 적절성					
			자료조사의 타당성					
			결과물의 완성도					
2	강ㅇㅇ	정양, 창령포, 판동천	평가요소 \ 수준	매우 잘함	잘함	노력요함		
			내용의 적절성					
			자료조사의 타당성					
			결과물의 완성도					

〈그림 1〉 사회 2단원 수행평가 기록 사례

하기를 학습했기에 이어서 고장의 장소와 관련된 옛이야기를 조사했다. 학생들은 태블릿PC 및 지역안내도, 관광안내 책자 등을 활용하여 평가과제를 해결했다. 다음은 조사한 내용을 정리하여 안내도 만들기 활동이다. 처음부터 자신이 조사하고 싶은 내용을 선택했기 때문에 학생들은 흥미를 가지고 참여했다. 자신들이 조사한 자료의 특징을 그림으로 나타내거나 색을 칠해 강조하여 표현하면서 우리 고장 옛이야기를 이해하기 쉽게 안내 자료로 만들었다.

수업과 평가를 이어 가면서 아이들 모습을 관

〈그림 2〉 우리 고장의 옛이야기 안내도로 만들기

찰, 기록하였고 수업과 평가가 모두 끝난 후 아이들의 소감도 사진이
나 글로 기록했다.

기록을 참고한 피드백

학생을 끊임없이 관찰하고 기록하면서 바로 피드백을 했지만 단
원의 마무리 지점에서 학생에게 유의미한 배움이 일어나지 않았거
나 학생들에게서 바라는 결과를 볼 수 없다면 어떻게 해야 할까? 교
사는 교수 학습과정과 학생의 과제수행 모습을 관찰 기록하면서 얻
게 되는 정보를 바탕으로 피드백을 제공한다. 채점기준표를 참고하
여 관찰된 학생들의 수행 모습과 더 필요한 정보들을 탐색하며 피드
백을 고민하였다. 우리 반 학생들은 그림 그리기, 글쓰기를 좋아하는
편이고 조사 활동을 할 때도 글로 된 설명이 쉽게 이해될 수 있도록
그림을 그리거나 자신의 경험을 글로 표현했다.

이러한 학생들에게 알맞은 피드백을 고민하던 중 영월지역의 유명
한 지역축제 「단종문화제」가 떠올랐다. 「단종문화제」에는 그림 그리
기나 글쓰기를 좋아하는 학생들이 참가할 수 있는 '단종문예행사'
프로그램이 있다. 「단종문화제」의 꽃인 '단종제례'는 무형문화제로
지정되어 있어 학생들이 우리 고장의 전통과 문화유산을 눈으로 확
인할 수 있는 좋은 기회다. '단종문예행사'에 직접 참여하고 유튜브
를 통하여 실시간으로 「단종문화제」를 감상하기로 했다. 「단종문화
제」에서 가장 기억에 남는 장면, 흥미로웠던 프로그램, 직접 참여했

던 프로그램 등을 이야기하며 각자의 소감을 나눴다. 단원 학습 목표는 아이들이 우리 고장에 관심을 갖고 고장에 대한 자긍심을 느끼도록 하는 것이기 때문에 충분히 목표에 도달했다. 고장과 관련된 모든 활동들이 이 단원의 피드백이 될 것이라 기대한다.

〈출처 : 영월 군정뉴스 https://www.youtube.com/watch?v=0Z17I26SpNw〉

〈그림 3〉 지역축제 「단종문화제」의 단종문예행사 참여

학생부 교과학습발달상황 기록 예시

교사는 교육과정을 계획하고 학습상황을 만들어 내면서 학생들에게 가르친 것을 평가한다. 이러한 모든 교육 활동 과정 속에서 학생을 관찰하고 발견하고 기록하고 있다. 평가를 알차게 하면서 관찰하고 그 과정을 기록했다면 교과 학습 발달상황에 적절히 반영하는 것이 좋다. 수업을 진행하고 평가하면서 관찰하고 기록한 결과를 학교생활기록부 사회과 교과학습발달상황에 어떻게 기록했는지 소개하고자 한다.

학교생활기록부 기록 예시 1(○학생)

이름	영월에 대해 알고 있는 장소 및 소개하고 싶은 장소	영월의 지명과 관련된 옛이야기 조사하기		
○학생	장릉, 청령포, 은행나무	내용의 적절성	자료해석의 타당성	결과물의 완성도
		보통	잘함	보통
		영월의 지명과 관련된 옛이야기 안내자료 만들기	활동 소감 적어 보기	
	관찰기록	우리 고장에 전해 내려오는 이야기가 재미있다고 하며 더 조사해 보고 싶다고 함.		

[교과학습발달상황] 우리 고장의 지명에서 전해 내려오는 옛이야기를 관련성이 높은 자료로 조사하고 설명함. 수행과제를 실행한 후 우리 고장에서 계속 살고 싶다고 할 정도로 자랑스러워함

학생들이 작성한 내용을 살펴보면 ○학생은 우리 고장에서 알고 있는 장소가 많지 않았지만 조사를 하는 과정에서 많이 알게 되었다고 했다. 조사한 옛이야기가 간단, 명료하고 정확했으며 내용 전달이 잘 되도록 그림까지 그리며 설명하였다. 실제로 영월의 문화유산이나 그 밖의 장소를 배우는 것에 대해 흥미를 느끼고 재미있어 했으

며 개인적으로 주말을 이용해 사회시간에 배운 장소를 다녀 보았다고 하는 학생이다.

학교생활기록부 기록 예시 2(▲학생)

이름	영월에 대해 알고 있는 장소 및 소개하고 싶은 장소	영월의 지명과 관련된 옛이야기 조사하기		
▲학생	장릉, 청령포, 고씨동굴	내용의 적절성	자료해석의 타당성	결과물의 완성도
		노력요함	노력요함	노력요함
		영월의 지명과 관련된 옛이야기 안내자료 만들기	활동 소감 적어 보기	
	관찰기록	조사 과제를 해오지 않음. 영월 문화원 누리집에 들어가 조사를 다시 함.		

[교과학습발달상황] 우리 고장의 지명에서 전해 내려오는 옛이야기를 철저히 조사하지 못하여 내용이 많이 부족했으며 친구들에게 설명하는 데에도 어려움이 있었음. 하지만 문화원 누리집에 들어가 자료를 다시 찾아봄으로써 부족한 내용을 보충하고 우리 고장에 대해 자부심을 가짐.

▲ 학생은 조사 과제를 해 오지 않아 설명을 할 수 없었기 때문에

모든 평가요소에서 낮은 성취수준을 보였다. 따라서 다시 한번 영월 문화원 누리집에 들어가 찾아보도록 한 뒤 조사하고 발표하도록 하였으며 단원을 마치고 소감 쓴 내용을 보니 영월의 옛이야기나 문화유산을 배우면서 무척 재미있었다고 한다.

학교생활기록부 기록 예시 3(ㅁ학생)

이름	영월에 대해 알고 있는 장소 및 소개하고 싶은 장소	영월의 지명과 관련된 옛이야기 조사하기		
ㅁ학생	장릉, 청령포, 은행나무	내용의 적절성	자료해석의 타당성	결과물의 완성도
		잘함	잘함	잘함
		영월의 지명과 관련된 옛이야기 안내자료 만들기		활동 소감 적어 보기
	관찰기록	우리 고장에서 전해 내려오는 이야기를 만화로 만들면 좋겠다고 이야기함.		

[교과학습발달상황] 모르고 있던 우리 고장의 지명에 대해 알게 되면서 흥미를 갖고 조사하였으며 더 많은 이야기를 조사하여 배우고 싶다고 이야기함. 내용도 정확하고 관련성이 높으며 설명도 잘함. 조사한 내용을 잘 전달하기 위한 방법을 생각해 냄.

□ 학생은 우리 고장에 대해 알고 있는 사실은 적었지만 자신이 몰랐던 내용을 조사하는 과제가 좋았다고 한다. 조사하면서 고장에 대해 더 많이 알게 되고 재미있는 내용이 많아서 신기했다고 한다. 발표의 방법적인 측면에서 안내 자료이기 때문에 글로 쓰는 것보다 만화로 그리는 것이 더 좋았을 것 같다고 이야기하였다.

학교생활기록부 기록 예시 4(◇학생)

이름	영월에 대해 알고 있는 장소 및 소개하고 싶은 장소	영월의 지명과 관련된 옛이야기 조사하기		
◇학생	장릉, 청령포, 고씨동굴	내용의 적절성	자료해석의 타당성	결과물의 완성도
		보통	잘함	보통
		영월의 지명과 관련된 옛이야기 안내자료 만들기	활동 소감 적어 보기	
	관찰기록	우리 고장에서 전해 내려오는 이야기가 이렇게 많은지 몰랐다고 함.		

[교과학습발달상황] 우리 고장 지명을 옛이야기로 설명하기보다는 시대 흐름적인 지명의 변화로 조사하였으나 알려 주고자 하는 내용이 정확함. 이해하기 쉽게 그림으로 제시하였으며 우리 고장 사람들의 생활 모습이나 지명 등을 알게 되어 신기하고 좋았다고 함.

◇ 학생은 지명을 조사하면서 옛이야기 중심이 아닌 행정구역상의 변화로 얻게 된 지명을 조사하여 발표하였다. 크게 벗어난 것은 아니지만 행정구역상의 옛 지명이 아이들에게 생소하고 지명의 통합으로 만들어진 지금의 지명도 어려울 수밖에 없었다. 하지만 지명의 내용을 자세히 조사해 와서 교사가 한자의 뜻과 지명의 어원 등을 설명해 주니 쉽게 이해하였고 수업을 마친 후 소감을 이야기할 때 우리 고장에 대해 이렇게 많은 옛이야기와 문화유산이 있다는 사실이 재미있고 신기했다고 하였다.

기록 실천으로 교사 전문성 기르기

교육과정과 수업, 평가와 연계된 관찰과 기록은 어려운 과정일 수 있다. 하지만 관찰과 기록에 집중하다 보니 학기 말이 되었을 때 학생들에 대한 다양한 정보가 많이 쌓여 학부모 상담 및 학교생활기록부 기록에 대한 부담을 덜 수 있었다. 염두에 둘 것은 평가를 수반한 관찰과 기록은 일반 기록과 다르게 계획된 관찰과 기록일 필요가 있다. 이러한 이유로 평가 과정에서 기록을 지나치게 염두에 둔다면 '기록을 위한 평가'로 치우칠 수도 있겠다는 생각도 든다. 평가를 위한 계획된 관찰과 기록이야말로 교사 자신의 수업을 되돌아볼 수 있으며 교사로서의 전문성을 향상시킬 수 있는 방법이라고 생각한다. 교사마다 각자의 방식으로 수업, 평가, 관찰, 기록을 하고 있다. 그렇기 때문에 우리 교사들은 충분히 전문성을 갖추어가고 있다고

생각한다. 평가에 필요한 능력들을 하나하나 갖추어 간다면 평가의
질을 높이고 진정한 평가 전문가가 될 수 있을 것이라 기대해 본다.

아이들을 바라보는 교사별 평가

수업을 하고 난 후, '아이들은 잘 배웠을까?', '수업은 효과가 있었는가?' 하는 질문을 스스로 던진다. 매일 하는 수업이지만 질문 후의 답이 만족스러울 때보다는 후회되는 순간이 더 많다. 수업을 통해 학생들이 잘 배웠는지 확인하는 것, 더 효과적인 수업 방법을 찾는 것은 모두 평가와 연결된 질문이다. 이렇게 보면 교수활동의 핵심은 평가라고 해도 과언이 아닐 것이다. 평가를 통해 배움을 확인하고 지원하며 교사는 더 나은 수업을 위한 자료를 얻을 수 있다. 수업에서 평가를 영리하게 활용한다면 학생의 배움을 촉진하고 교사의 수업 개선으로까지 연결될 수 있을 것이다. 그렇다면 평가를 어떻게 활용하는 것이 효과적일까? 수업 설계를 평가 설계로부터 시작해 보았다. 성취기준을 분석하고 평가 과제를 만들고 학생들이 평가 과제를 잘 수행하게 하려면 어떻게 해야 하는지 그에 따른 수업을 설계하는 것이다. 이렇게 하고 보니 교육과정과 수업, 평가가 자연스럽게 연결되고 학생들이 배워야 할 것이 명료해졌다. 평가를 설계할 때 학생들의 일상생활과 요구까지 반영하여 설계한다면 삶과 연계된 수업으로의 연결도 가능할 것이다. 이어지는 사례는 학생들과 함께 만들어 본 국어과 수업 및 평가 사례이다. 성취기준과 관련된 학생들의 생활을 관찰하고 학생들과 함께 평가과제를 만들고 수업을 설계해 운영해 보았다.

〈성취기준〉

[6국01-01] 구어 의사소통의 특성을 바탕으로 하여 듣기·말하기 활동을 한다.
[6국01-07] 상대가 처한 상황을 이해하고 공감하며 듣는 태도를 지닌다.

평가 설계 1: 아이들에게 필요한 배움은 무엇일까?

6학급의 작은 학교에서 5학년 담임을 맡았다. 소규모 학교다 보니 새 학년이 되어도 학급 구성원은 큰 변화가 없다. 담임선생님만 바뀌었을 뿐 학생들은 1학년 때부터 늘 같은 반이다. 오래 보아 오고 늘 같이 놀던 친구 사이라면 더 친하고 사이가 좋을 것 같은데, 3월 초부터 다툼이 잦았다. 친구가 자기 말을 무시했다거나 자기가 이야기한 걸 엉뚱하게 알아듣고 다른 사람에게 이상하게 전했다는 등 잘못된 대화가 다툼의 원인인 경우가 많았다. 3월 초 학부모 상담을 통해서도 자녀와의 대화로 고민하는 학부모의 이야기를 들었다. 몇

마디 묻는 말에만 짧게 대답하고 방에 들어가 버리거나 엄마는 몰라도 된다며 대화를 하지 않으려는 아이도 있다는 것이다. 대화의 단절은 부모와 자녀를 멀어지게 만들고 문제를 더 어렵게 만든다.

5학년 1학기 국어과 1단원의 성취기준은 공감하며 듣기·말하기 활동을 하는 것이 핵심 내용이다. 우리 반 아이들이 겪는 대화에서 오는 문제에 도움을 줄 수 있는 성취기준이다. 원만한 대화, 공감하는 대화 방법을 실제 상황에서 적용할 수 있다면 다른 사람과의 대화에서 생기는 부정적인 일을 줄일 수 있다. 이 성취기준을 5학년 1학기 첫 단원에 배정한 이유도 이를 잘 배워 친구들과 새로운 관계를 맺는 3월을 원만하게 보낼 수 있도록 지원하려는 의도가 담겨 있을 것이다.

평가 설계 2: 평가 상황 설정은 어떻게 할까?

국어과 평가는 국어사용의 실제성이 드러나도록 평가 과제, 평가 상황을 실제 삶의 맥락에서 설정하여 평가(2015 개정 초등학교 교육과정)하는 것이 중요하다. 학생들의 생활에서 언어 기능이 자연스럽게 구사되는 장면을 평가 자료로 삼으라는 것이다. 구체적인 실제 상황에서 평가가 이루어질 때 국어과에서 지향하는 창의적인 국어 사용 능력을 길러줄 수 있다. 위의 두 성취기준은 학생들의 생활과 바로 연결되는 성취기준이기에 다양한 실제 상황에서 대화를 나누고 대화 이후에 자기평가 및 상호평가를 할 수 있도록 평가 과제를 만들기로 했다. 구어 의사소통의 특성을 알고 듣기·말하기 활동을 할 때 공감하며 듣는 태도도 함께 기를 수 있도록 설계하는 것이 효과적이라고 판단해 두 개의 성취기준을 통합하여 하나의 수행과제를 만들었다.

평가 설계 3: 어떤 평가 과제가 필요할까?

두 성취기준에서 평가 요소는 '구어 의사소통의 특성을 알고 듣기·말하기 활동하기'와 '상황을 이해하고 공감하며 듣기'이다. 이 평가 요소를 바탕으로 계획한 과제는 구어 의사소통의 특성을 알고 실제 상황에서 공감하는 듣기·말하기 활동을 하는 것이다. 이때 한 가지 제한된 상황에서 듣기·말하기 활동을 하는 것이 아니라 아이들이 만나는 다양한 실제 상황에서 듣기·말하기 활동을 하는 것이 중요하다. 아이들에게 배워야 할 성취기준을 안내하고 평가 과제를 함께 구체화했다. 아이들이 겪는 실제 상황은 교사가 정해 주기보다 아이들과 함께 정하는 것이 더 구체적이고 다양한 상황이 나올 수 있다. 아이들과 이야기를 나눠 보니 주변에서 만날 수 있는 다양한 대상을 대화 상대로 정하면 상대가 바뀌어도 당황하지 않고 대화할 수 있겠다는 의견이 많았다. 3학년 동생들, 우리 반 친구들, 마을 어르신들의 이야기를 공감하며 듣고 자신의 이야기도 들려주는 평가 과제로 정해졌다. 여러 대상을 만나 대화를 나눠 본 경험은 이후 일상생활에서 다양한 사람들과 원만하고 긍정적인 관계 맺기에 도움이 될 것이다. 평가 과제를 구체화하고 아이들이 스스로 점검해 볼 수 있도록 채점 기준도 안내했다. 대화를 주고받을 때의 바른 태도 적용하기나 공감하는 태도를 적용하며 듣기와 같은 채점 기준은 수업을 통해 정확하게 익히고 실제 상황에서 활용해 보는 것이 중요하다.

평가 설계 4: 어떤 장면에서 평가를 투입할까?

학생들과 평가 과제를 구체화한 후 평가 과제를 충분히 수행할 수 있도록 수업 계획을 세웠다. 구어 의사소통의 특징 알기(1차시), 공감하며 듣기는 어떻게 하는 것인지에 대해 알아보기(2차시), 여러 대화 상대를 만나 대화하기(7차시)로 10차시를 구성했다. 10차시의 수업 전개에서 어떤 장면에 평가를 투입하면 좋을까? 배움 과정에서 학생을 잘 지원하려면 수업과 평가가 서로 긴밀하게 연결되어야 한다. 수업과 밀접하게 연결되는 평가는 수업 과정에서 실시하는 것이 중요하다. 이 단원에서는 구어 의사소통의 특징을 알고 공감하며 말하고·듣는 활동이 중심이므로 3학년 동생들, 우리 반 친구들, 마을 어르신들의 이야기를 공감하며 듣고 자신의 이야기도 들려주는 차시에 집중해서 평가와 피드백을 하기로 계획했다.

수업과 평가 실행 1: 평가 과제를 수행하기 위해 무엇을 알아야 할까?

대화 상대를 만나 대화를 나누기 전에 몇 가지 사례를 통해 구어 의사소통에는 어떤 특징이 있고 어떤 점에 유의해야 하는지 알아보았다. 대화할 때는 말하거나 듣는 상대를 바라보기, 귀 기울여 듣기, 표정이나 몸짓, 말투에 따라 기분을 짐작하기, 정확하게 말하려고 노력하기 등의 기술이 필요하다. 이후 공감에 관한 이야기를 나누었다. 우리 반 아이들이 생각하는 공감은 상대와 이야기를 할 때 상대방의 경험이 내 경험과 같아서 비슷한 감정을 느껴 서로 이해하는 것이었다. 이것이 진짜 공감인지를 고민하면서 상대방의 경험과 같은 경험을 하지 못했다면 공감하는 대화를 할 수 없겠다는 이야기로 이어졌다.

공감에 관한 이야기를 나누면서 정혜신의 적정 심리학《당신이 옳다》에서 설명하는 공감을 이야기해 주었다. 이 책에서 말하는 공감은 다정한 시선으로 사람 마음을 구석구석, 찬찬히, 환하게 볼 수 있을 때 닿을 수 있는 상태이다. 사람을 자세히 알면 알수록 상대를 잘 이해하게 되고 많이 이해할수록 공감이 깊어진다고 한다. 어떤 이의 생각, 판단, 행동이 잘못됐어도 그의 마음에 대해 누군가 묻고 궁금해한다면 꼬인 상황이 쉽게 풀린다. 자기 마음이 공감받았다고 느끼는 사람은 책임질 일이 있으면 기꺼이 진다. 감정이 옳다고 행동까지 옳은 것은 아니며 감정에는 동의해도 행동에는 동의하지 않을 수 있다.

공감이 무엇인지, 공감은 어떤 장점이 있는지 충분히 이야기 나눈 후 공감하는 대화를 하려면 어떻게 해야 하는지 구체적인 방법을 알아보았다. 먼저 공감하며 듣는 자세를 갖추어야 하는데 표정, 눈빛,

몸의 방향 등에 신경을 쓴다. 상대방이 하는 말을 이해하기 위해 노력하는데 모르는 것은 관심을 가지고 찬찬히 묻고 이해하겠다는 마음으로 질문한다. '그랬구나', '슬펐겠다', '힘들어서 참기 어려웠겠다', '정말 속상했겠다' 등과 같은 상대방의 감정을 알아주는 호응을 한다. 상대방의 말을 듣다가 비슷한 나의 경험이 떠올라도 자신의 이야기를 하지 않고 듣는 활동에 집중한다.

수업과 평가 실행 2: 수업 장면에서 어떻게 평가했나?

★ 첫 번째 공감하는 듣기 · 말하기 수행_친구와 대화하기

의사소통의 원리와 공감, 공감하는 대화의 방법에 대해 알아보고 제일 먼저 친구들과 공감하는 듣기·말하기를 해 보기로 했다. 제일 편한 상대인 친구와 먼저 공감하는 대화를 연습하는 것이다. 자신의 경험 중 친구에게 이야기하고 싶은 것을 미리 정하고 학교 공간 중 편안한 장소로 가서 공감하는 대화를 나누고 교실로 돌아왔다. 대화를 나눌 때는 둘의 대화를 녹음했다. 대화가 끝난 후에 친구와 같이 녹음된 내용을 들어보았다. 서로 공감하는 대화를 주고받으면서 잘된 점, 어려웠던 점, 개선해야 할 점을 찾아보고 채점 기준을 바탕으로 자기평가와 상호평가를 했다. '친구와의 대화에서는 친구에게 마음에 있었던 이야기를 하니 속이 후련했다', '이렇게 대화를 주고받을 수 있다면 친구와 우정이 쌓이겠다' 등의 긍정적인 반응이 있었던 반면에 '그랬구나', '속상했겠다', '신났겠다' 등의 호응하는 말을 하기가 어려웠고 친구가 말하는 내용을 잘 이해하기 위한 질문보다 친구의 경험과 비슷한 내 이야기를 자꾸 하고 싶어졌다고 했다. 자기평가와 상호평가 후에는 다른 친구를 만나 공감하는 대화를 한 번 더 나눠 보면서 개선해야 할 부분을 신경 쓰면서 대화해 보았다.

★ 두 번째 공감하는 듣기 · 말하기 수행_동생과 대화하기

친구와 공감하며 대화하기를 했을 때 자기평가와 상호평가한 결과를 바탕으로 개선할 점을 파악한 후 3학년 동생과 대화를 해 보았다. 3학년 담임선생님께 협조를 구해 3학년 동생들을 만났다. 1대 1로 짝을 지어 학교의 원하는 공간에 가서 대화했다. 3학년과 대화할 때도 자신의 이야기를 하나 준비했다. 3학년 학생들도 자기 경험이 담긴 이야기를 생각해 왔다. 3학년 중에는 친구의 동생도 있었고 평소에 같이 노는 동생도 있지만 긴 대화를 나눠 본 적은 거의 없다고 했다. 대화 후에 다시 자기평가를 했다. 친구와 대화할 때와는 달리 막상 만나서 대화를 하려니 쑥스럽기도 했고 3학년 동생들은 대화할 때 장난을 치고 말을 잘 안 들어서 힘들었다는 반응이 많았다. 동생이라서 편하게 대화할 수 있을 줄 알았는데 마음대로 움직여 주지 않는 동생들을 보면서 대화할 때 지켜야 할 예절도 생각하게 되었다고 한다. 대화하는 동안 속마음을 알게 돼서 동생을 다시 생각해 보게 되었고 동생이니까 편해서 호응하는 말을 하기가 쉬웠다는 반응이 있었다. 동생과 대화하면서 자신이 예상하지 못한 반응을 보이는 대화상대에게는 어떻게 호응해야 하는지 생각해 보는 시간이 되었다.

★ 세 번째 공감하는 듣기 · 말하기 수행_어른들과 대화하기

마을 어르신과 대화를 하려고 마을 경로당을 찾아갔다. 평소에 마을 어르신과 함께하는 마을교육공동체 수업을 종종 해 왔었는데 이번에도 마을교육공동체[4] 수업에 도움을 주시는 마을 사무국장님께 수업 내용을 말씀드리고 어르신들을 만날 수 있도록 부탁드렸다. 마을 어르신들은 미리 수업 의도를 들으셨기에 학생들이 편하게 대화할 수 있도록 협조해 주셨다.

어르신과 무엇을 주제로 공감하는 대화를 나눌지 아이들과 고민하다가 《니 꿈이 뭐이가?》를 읽어 드린 후 자신의 꿈을 어르신께 소개해 드리기로 했다. 이 책은 우리나라 최초의 여자 비행사 권기옥의 이야기를 다룬 그림책이다. 권기옥은 1901년에 태어나 독립운동을 했으며 중국으로 넘어가 비행 훈련을 받고 비행사가 되었다. 마을 경로당에 계신 어르신 중에는 일제강점기에 중학생이셨던 분도 계셨는데 책 내용에 그 시대에 학교를 다니면서 겪었던 일을 덧붙여서 생생하게 말씀해 주셨다. 책을 읽어 드리고 어르신과 짝을 지어 자신을 꿈을 소개해 드리고 대화를 나누었다. 어르신 중에는 우리 학교를 졸업한 분이 많아서 지금과 다른 학창 시절 이야기를 많이 해 주셨다. 어르신과의 대화는 아이들 2명과 어르신 1명으로 짝을 지어 대화했다. 대화하는 동안 서로 관찰하고 상호평가를 하여 피드백을

4. 마을교육과정을 운영하면서 마을의 여러 곳에 나가서 프로젝트 학습을 하거나 마을 사람들을 만나는 수업을 종종 하고 있다.

주기 위함이었다. 주로 친구가 대화하는 동안 관찰한 후 장단점을 서로 말해 주었다. 자기평가와 상호평가 후에 나눈 이야기에서는 어르신과의 대화에서는 어르신들이 워낙 배려하시면서 호응을 잘해 주셨기 때문에 이야기하기가 쉬웠고 어르신의 어린 시절 경험을 이야기해 주실 때는 호응하는 표현을 하기가 무척 쑥스러웠다는 반응이 많았다.

수업과 평가를 되돌아보며: 아이들은 잘 배웠을까?

이 과제를 수행하면서 자기평가와 상호평가 방법을 활용했다. 대화의 현실감을 살리기 위해 2~3명의 소그룹을 구성하여 대화 나누기 편한 장소에서 대화를 할 수 있는 환경을 마련했기에 교사가 모든 학생이 대화하는 장면을 자세히 관찰하기는 어려웠다. 학생들의 자기평가와 상호평가를 돕기 위해 녹취를 활용하였고 자기평가와 상호평가 후 결과를 공유하면서 학생들이 공감하는 대화를 좀 더 잘할 수 있도록 채점 기준에 따라 피드백을 해 주었다.

친구, 동생, 어르신들로 대화 상대가 바뀔 때마다 앞의 대화 상황에서 부족했던 점을 확인하고 개선하기 위해 노력할 점을 찾고 이를 고려하면서 대화하도록 유도하였다. 이 평가 과제를 통해 아이들은 여러 대상과 대화를 주고받으면서 즉각적이고 순간적인 구어 의사소통 상황에 어떻게 대처해야 하는지 경험할 수 있었다. 대화 상대에 따라 대화의 분위기와 공감의 표현도 달라질 수 있음을 알고 상

황을 고려하여 공감하는 대화에 참여해야 한다는 것을 깨달아 갔
다. 상대에 따라 어떻게 호응하고, 어떤 태도로 대화할지를 좀 더 신
경 쓰게 되었다.

교사별 학생 평가를 고민하며

교육과정 설계에 관심이 쏠려있을 때는 교육과정 설계를 탄탄하
게 하면 의미 있는 배움으로 연결되는 줄 알았다. 교육과정 설계에
공을 들이고도 수업 후에 만족스러운 결과를 얻지 못하는 경우를
겪어 보니 아이들을 모르고 설계한 교육과정이 얼마나 쓸모가 적은
지 알게 되었다. 다른 교사의 좋은 사례가 나의 교실에서 그대로 적
용되기 어려운 것도 이 때문이다.

몇 번의 실패 이후에는 교육과정·수업·평가를 설계하기 전에 아
이들과 충분히 대화를 나누게 되었다. 성취기준을 아이들에게 충분
히 안내하고 어떤 활동을 하며 배우고 싶은지 대화해 보았다. 해당
성취기준과 관련한 자료를 모은 후에 평가 과제를 설계해 보았다. 때
에 따라서는 평가 과제를 아이들과 함께 만들기도 했다. 잘 배웠다
면 평가과제를 어떻게 수행해야 하는지, 방법을 아이들과 함께 찾았
다. 수업을 진행하다 보면 계획대로 되지 않을 때도 많았다. 그럴 때
마다 채점기준을 확인하면서 피드백을 주고 아이들과 함께 방향을
잡아갔다. 앞선 경험은 다음 수업과 평가를 설계하는 데 도움이 되
었다. 이러한 과정을 반복하여 평가를 운영한다면 교육과정·수업·

평가의 연계는 물론 아이들의 삶도 담아내는 교사별 학생 평가도 가능하지 않을까?

수업과 평가가 연계되는 교실에서는 수업시간에 학생이 한 수행이 곧 평가가 된다. 수업 장면이 곧 평가 장면이라고 할 때 여러 가지 수업 방법을 활용하는 교실에서는 다양한 수행의 모습으로 평가도 이루어질 것이다. 다양한 평가 방법을 수업시간에 구현하고 이를 평가로 활용하려는 노력이 필요하다. 학생들이 잘 배울 수 있는 수업이 이루어져야 좋은 평가도 있을 수 있다. 잘 배울 수 있게 수업을 하지 못했다면 잘 배우는 평가 장면도 나오지 않을 것이다. 평가를 개선한다는 것은 수업을 개선한다는 말과 같은 의미다. 수업이 촌스러우면 평가도 촌스럽다. 평가는 수업의 질을 넘지 못한다.

성장의 밑거름

슬기로운 진단 활동은 수업 속에서 학생들의 다양한 정보를 세심한 관찰을 통해 얻고 기록하는 것이다. 3월 진단 활동을 통해 얻은 다양한 정보들은 학급 경영, 교수학습 전략 수립, 학부모 상담, 교유 관계 개선 등 많은 곳에 활용할 수 있다. 이러한 진단 활동을 무조건 3월에 끝마쳐야 한다는 생각을 버렸으면 한다. 모든 학생들의 정보를 하나도 놓치지 않고 파악할 수는 없다. 또한 교사 자신이 관찰한 학생의 모습이 진단 활동 장면에 따라 달라질 수도 있다. 좀 더 여유를 갖고 일회성이 아닌 평상시 모든 교육 활동이 진단 활동이라는 생각을 갖고 생활하면 보다 유용한 정보를 보다 정확하게 파악할 수 있지 않을까 한다. 또한 하나의 진단 활동 장면으로 여러 가지 진단 요소를 파악할 수 있도록 진단 활동을 구상해 실시한다면 바쁜 학기 초의 진단 활동을 슬기롭게 할 수 있을 것이다. 충분한 시간을 갖고 다양한 방법으로 진단하고 피드백을 제공한다면 진단 활동은 학생 개개인의 지속적인 성장을 위한 밑거름이 될 것이다.

평가 지옥에서 탈출하기

언제부턴가 학생들은 매 순간 평가의 대상으로서 모든 말과 행동이 관찰 대상이다. 그들도 작은 표정과 눈빛까지 누군가 살펴보고 있다는 것을 본능적으로 느낀다. 어떤 학생은 그것을 관심으로 받아들이기도 하고 어떤 학생을 그것을 불편하게 느낀다. 나는 불편하다. 학생뿐 아니라 교사도 마찬가지기 때문이다.

우리는 평가 지옥에 빠져 있다. 학생을 평가하고, 평가를 잘하고 있는지 자신을 평가하고, 그런 평가가 온당한지 또 평가하고, 적절한 수준에 도달할 때까지 평가는 반복된다. 적절한 수준에 도달하면 이제 다른 것에 대해 이를 반복한다. 아무리 평가해도 끝은 없다. 내일의 평가만이 남아 있을 뿐이다.

평가의 패러다임이 바뀌면 평가 지옥에서 탈출할 수 있을까? 앞으로도 평가가 교사와 학생 모두에게 괴롭고 힘든 일로 계속 남아 있을까? 학생이 하는 일이 배우는 것이고 교사가 하는 일이 가르치는 것이니 배움의 정도를 평가하고 가르침의 정도를 평가받는 것은 당연한가? 근데 왜 이리 불편할까? 내가 할 수 있는 일은 무엇일까?

반성

피드백은 어쩌면 반성이라는 표현이 맞을 것 같다. 받는 사람만의 반성이 아니라 주는 사람을 포함하여 서로 간의 반성이다. 피드백은 상호작용을 기반으로 하고 있기에 누군가를 통해서 서로가 생각해 보지 못한 것에 대해 배우게 된다. 그래서 피드백을 주고받다 보면 서로가 스스로 반성하게 된다.

돌이켜 생각해 봐도 교사가 학생에게 수업시간에 학습에 대하여 이야기를 한다는 것이 쉬웠던 것은 아니다. 학생의 입장에서는 혼나는 기분이 들 것 같고, 교사의 입장에서는 잘 받아들여지지 않는 것 같아 기분이 좋지 않다. 서로가 에너지를 쏟았음에도 불구하고 별다른 성과가 없다. 그렇게 서로 간에 이야기가 끊어지기도 한다.

어느 순간 마음이 조금씩 열리기 시작하면서 피드백을 받아들일 준비가 되면 학생들은 조금씩 교사의 말에 반응한다. 교사의 말에 일리가 있음을 받아들이고 변화를 보인다. 서서히 학습을 하는 과정에서 교사와 학생 간에 대화가 활발해지고 서로 상호작용하는 모습이 보이기 시작한다. 교사와 학생 간에 소통이 잘 되고 있다면 피드백의 내용이 긍정적이든 부정적이든 그 피드백을 통해서 앞으로 나아갈 동력을 얻게 된다. 그리고 피드백이 오갈수록 서로는 서서히 변화해 나감을 느낀다.

깊은 배움과 반복 평가

평가 후 학생들이 얼마나 성장했는가를 판단할 수 있을까? 교육과정이 시작될 때 실시하였던 진단 활동의 내용을 기준으로 학생들의 지식, 능력, 태도 면에서 긍정적인 변화가 나타났다면 효과가 있었다고 추론할 수 있을 것이다.

학생들이 교육 내용을 어떻게 얼만큼 받아들였는지 수량화시키는 것은 쉬운 일이 아니다. 미리 정량적으로 평가하려고 계획하지 않았기 때문에 평가를 진행하면서 학생들의 도달점 행동을 관찰하고, 그것을 단서 삼아 추론할 수 있었을 뿐이다.

기존의 평가 방법에 개선할 여지가 있다면 교사가 다양한 평가 방법에 대한 고민과 그 고민을 해결하기 위해 시도함으로써 현재 대면하고 있는 학생에 적합한 평가를 할 수 있을 것이라고 믿는다.

학생들의 발달과 성장을 돕는 평가가 시행되려면 교사가 운영하는 교육과정에서 학습 목표를 분명히 알고 주제 의식을 공유해야 하며, 평가의 기준이 무엇인지 학생들이 명확하게 알고 반복해야 바뀔 수 있다고 생각하였다. 평가는 일회적으로 끝나는 것이 아니라 학생의 배움이 깊어지는 만큼 주제와 영역이 심화되어 여러 가지 문제를 다룰 수 있어야 한다.

의미 있는 일

'진정한 평가는 학생들이 무엇을 가치 있게 여기는지 이해하는 것'이다. 지극히 평범한 수업을 하는 교사로서 수업이나 평가 내용이 학생들의 실제 생활과 연관이 되거나 학생들의 관심사가 반영이 된다면 좋겠다. 학생들의 일상을 담아 내는 수업을 할 때마다 무엇을 어떻게 평가할지(평가 장면 또는 상황)에 대한 아이디어가 떠올랐기 때문이다. 교사는 평소 학생들의 모습을 세밀하게 관찰하고 수업과 연결할 만한 소재들을 찾아낼 수 있는 방법을 찾아야 한다. 학생들이 몰입할 수 있는 평가 장면을 계획한다면 그 순간이 가치 있는 배움, 의미 있는 시간이 될 수 있을 것이다.

내가 몸담고 있는 학교, 매일 만나는 수업에 대해 고민을 하는 것도 어떤 '의미'를 찾는 과정이라는 생각이 든다. 교사의 의무나 권한을 떠나서 하루하루를 학생들과 만나는 과정을 통해 '의미가 있는 일'을 하고자 하는 것이 많은 교사가 교실 수업을 개선하고 더 나은 평가를 하고자 노력하는 이유라고 생각한다.

지금도 실천 중

선생님들은 늘 교육을 실천한다. 대부분 기록으로 남지 않는 실천이다. 그것이 일상이기 때문이다. 선생님들의 실천은 개별사례로서 특수성을 갖고 있다. 어느 지역, 어느 학교, 어느 학년, 어느 반을 담당하면서 몇몇 학생들에게 적용되는 실천이다. 그들에 맞는, 상황에 맞는 교육을 하므로 일반적이지 않다. 그런데도 특수한 상황에 적용된 교육 실천의 결과로 일반화 자료를 만들기도 한다. 안타깝게도 일반화를 시도하는 순간 특별했던 교육 실천의 색이 사라진다. 색이 사라지면 영감을 얻기 어렵다. 연구회원 10인의 실천 사례는 모두 개별사례이다. 주어진 상황과 대상에게 필요한 교육 실천 사례이다. 이 또한 일상의 사례이다. 이런 기록으로 인해 누군가 영감을 얻을 수 있다면 이번 사례 기록의 의미를 다했다고 생각한다. 또한 더 많은 교사의 더 많은 실천 사례가 일반화 작업을 거치지 않은 상태로 더 많이 공유될 수 있기를 바란다.

자발성 돕기

수업을 진행하면서 학생들은 자신의 삶을 돌아보고, 문제점과 해결책을 찾는 방법을 수행하였다. 학생 중심으로 진행되었기 때문에 처음에는 우려되는 부분이 없지 않았으나, 오히려 자신의 생활 장면에서 소재를 찾고, 작품을 만드는 과정을 통해 좀 더 자발적이고 활기찬 수업을 진행할 수 있었다. 앞으로 살아가면서 이 프로젝트를 했던 기억으로 자신의 문제를 해결해 나갔으면 좋겠다. 물론 항상 원하는 데로 학생의 인생이 전개되지는 않겠지만 실패를 하더라도 자신의 문제 해결 과정을 돌아보고 수정해 나갈 수도 있기 때문이다.

평가에 대한 부담이 있었던 것도 사실이다. 어떻게 기록을 남겨야 할지, 적절한 피드백은 무엇일지 등이다. PBL수업에서 중요한 건 학생에게 해답을 주기보다, 학생이 해결할 수 있도록 피드백을 해 주는 것이라고 생각한다. 그 과정에서 학생이 스스로 해결할 수 있도록 돕는 피드백을 하는 것을 앞으로 더 연구 과제로 삼을 것이다.

삶의 이야기

학생의 성장과 발달, 수업과 평가가 따로 홀로이지 않고 싶다. 함께 나누었던 이야기 하나를 풀어냈을 때, 학생들이 풀어낸 이야기 하나만을 기억하는 것이 아니라 각자가 그 이야기와 관련되었던 다른 수업, 다른 평가를 떠올릴 수 있기를 바란다. 가르치는 것, 평가하는 것을 잘하고 있다는 생각은 들지 않지만, 이를 위해 오늘도 내일도 학생의 이야기를 듣는다. 그것이 학생의 이야기, 수업 속의 이야기, 평가의 이야기. 결국 학생이 하는 이야기는 자기 삶이다.

기록으로 완성되는 평가

모두가 각자의 방식으로 교육과정, 수업, 평가도 하고 있고 관찰과 기록도 하고 있기에 정답이 있는 것은 아니라고 생각한다. 교육과정과 수업, 평가와 연계된 관찰과 기록은 어려운 과정일 수 있다.

교사가 교육과정을 계획하고 학습상황을 만들어 내면서 학생들에게 가르친 것을 평가하려고 한다. 이러한 모든 교육 활동의 과정 속에서 교사는 학생을 관찰하고 발견하고 기록함으로써 즉각적인 피드백을 주는 동시에 자신이 계획한 교육계획과 수업 등을 반성하고 조정하면서 전문성이 발달하게 되어 있다. 즉, 교사에게 교육과정 문해력, 수업, 평가를 교사의 전문성이라 한다면 여기에 '기록'을 보태어 이야기해야 교사의 전문성이 완성될 것이다. 우리는 종종 학생들이 평가 기준에 도달했는지 결과만을 중요하게 생각하는 경향이 있다. 물론 결과도 중요하지만 과정을 간과해서는 안 된다. 교사는 자신이 운영한 교육 활동이 교사의 전문성이라는 평가 기준에 도달하였는가 생각해 보았으면 좋겠다.

또한 평가는 누가 대신해 주지 않는 교사의 고유영역이므로 학교생활기록부 기재도 더욱 신경을 써야 함이 맞다. 모든 선생님들이 학교생활기록부 기재 요령을 잘 숙지하고 평가한 내용이 충분히 기록

되는 날이 오기를 바란다.

교육과정, 수업, 평가의 연계

배움이 있는 수업을 하고 싶어서 교육과정 재구성에 관심을 가지고 실천을 하다 보니 내가 설계한 교육과정을 통해 학생들이 잘 배우고 있는지 증거를 수집하게 되었고 그것이 곧 평가였다. 교육과정과 수업, 평가는 어느 하나만 개선해서 학생을 배움으로 이끌기는 어렵다. 질 높은 교육과정과 수업, 이를 지원하는 평가가 있을 때 배움에 이르도록 하는 방법이 명확해진다.

이 세 가지 중 가장 먼저 개선할 것을 꼽으라면 평가일 것이다. 평가에 대한 고민을 통해 학생이 할 수 있어야 하는 것을 구체적으로 설정하고 이에 따른 교육과정과 수업을 설계했을 때 세 가지가 자연스럽게 연계되는 것을 확인할 수 있었다. 아이들과 함께하는 교육활동이 좀 더 의미 있도록 평가를 잘 활용하고 싶다.